图书在版编目（CIP）数据
宅记：二十年中国住房变迁之民间观察/罗德胤，万君哲主编.
上海：同济大学出版社，2010.6
ISBN 978-7-5608-4314-8

Ⅰ.①宅… Ⅱ.①罗… ②万… Ⅲ.①住宅—房地产业—概况—中国 Ⅳ.①F299.233

中国版本图书馆CIP数据核字（2010）第072557号

宅记：二十年中国住房变迁之民间观察
主　　编　罗德胤　万君哲
出版策划　萧霏霏(xff66@yahoo.com.cn)
责任编辑　陈立群(clq8384@126.com)
视觉策划　育德文传
装帧设计　昭　阳
电脑制作　宋　玲　唐　斌
责任校对　徐春莲
出　　品　郭　超

出　　版
发　　行　同济大学出版社 www.tongjipress.com.cn
上海市四平路1239号　邮编　200092　电话021-65985622
经　　销　全国各地新华书店
印　　刷　上海新华印刷有限公司
成品规格　185mm×214mm　192面
字　　数　250000
版　　次　2010年6月第1版　2010年6月第1次印刷
书　　号　ISBN 978-7-5608-4314-8
定　　价　38.00元

# 宅记

## 二十年中国住房变迁之民间观察

罗德胤　万君哲　主编

同济大学出版社

# 序

我的住宅史，换个通俗点的说法，就是回忆我住过的家。这里的“我”，指的是一个个二十出头的、来自五湖四海的大学生。之所以将这些回忆编辑出版，往大了说，是试图从一个微观角度记录下我们这个巨变的时代；往小了说，是让回忆者对养育自己的家“有个交代”。

100多年前，李鸿章同志形容大清国面临的形势：“三千年未有之变局，三千年未有之强敌。”如今，强敌乎已不存，或者至少可以说已由明处转到了暗处。变局呢？好像仍在持续，尽管我们的近代化(或现代化)已开展了一个多世纪。

作为一个从事乡土建筑研究的现代人，笔者在朋友们面前喜欢把自己的工作称为“下乡”。十年下乡，使我明白了一个事实：乡土建筑的整体破坏，主要出现在1985年后；之前，很多村落仍保持着相当完整的传统面貌。由此，笔者又时常会联想起这样一个问题：对于中国，是100年前的变局更大，还是现在的变局更大？倘以中国所处之国际社会及自身之国家命运而论，毫无疑问，100年前的变局更大。然而，如果将眼光放到具体的社会生活或微观的家庭乃至个人生活，我们似乎就不好断然下同样的结论了。

阮仪三先生在1984年开始做周庄古镇的保护工作，那时候“从上海到周庄要走两天”。[①]上海到周庄的直线距离是70多公里，即使按古代的方式，步行或乘船，两天也该“走”到了。仅仅过了十几年，这段路程就只需一个小时。

陈志华先生在《楠溪江中游古村落·后记》中描写一个叫岩龙的小山村：“我们冒着四十多度的高温，步行翻过四道山岭，来到一个刚刚在二十几天前才拉通了电线的叫岩龙的小村子，只有二十来户人家，竟看到一座古老的书院，祠堂门前立着进士旗杆。我们也不知道简简单单的住宅里竟有那么多讲究，堂屋里，除了四代近祖神主，还有财神、天地神、‘各路诸神’的龛座，甚至有鲁班先师和阴阳师的专设香案。”[②]

①阮仪三，《护城纪实》，中国建筑工业出版社，2003年12月，第65页。

②陈志华，《楠溪江中游古村落》，北京三联书店，1999年10月，第185页。

这段文字描述的，不只是一个刚通了电的村落，还可能是一个和100多年前没有太大差别的村落生活环境。这是在1990年。13年后，当我带领五名毕业班同学去岩龙村测绘和调查时，已可以坐着吉普车，沿着开通不久的公路，直达支部书记的家门口。此时岩龙村里年轻力壮的村民们，也经由这条公路，大都进城打工了。我们走在石板巷路上，满眼只见老人与孩童。支书二十岁的小儿子，是极少数较多时间待在村里的年轻人之一，因为他从事着刚刚开展起来的“楠溪江源探险旅游”，要在家里管接待。我们在支书家住了一个礼拜，天天都听见他对着卡拉OK机大唱新加坡歌手阿杜的《坚持到底》。①

周庄和岩龙，代表的是乡镇和农村。城里的情况又怎样？19世纪就已经开始工业化的城市，在1985年之后的变化也会如此剧烈吗？

依笔者之见，1985年之后城市变化的程度，绝不亚于乡镇和农村，甚至是有过之而无不及。以本人所在的北京市为例：尽管城墙和城楼在1950年代因“梁陈方案”未被采纳而拆除，但在老城区内，直至1980年代仍是胡同和传统四合院为主的。北京旧城“整体性”的改变，是在1990年启动“危旧房改造”之后。所谓“危旧房改造”，其实就是采取成片拆除、统一新建的大规模改造方式。结果是大批胡同和四合院迅速消失。“62.5平方公里的北京旧城，到2003年仅留下不足15平方公里较完整的历史风貌空间。”

旧城以外的北京，变化更大。根据2005年《北京市城市总体规划(2004~2020)》，北京的市区规划面积达到1085平方公里。在1985年，市区的建成面积为366平方公里。这多出来的719平方公里，是从哪冒出来的？当然主要是从农庄、从农田“变化”而来。新增了这么多城市土地，由谁来当它们的“市民”？不可否认，有些是北京本地人(比如“危旧房改造”的安置户)，但显然更多的是外地迁入者，包括有北京市户口的和没有北京市户口的。

1992年，我初入清华园。清华园位于北京西北郊，与圆明园、燕园(北京大学)比邻。当时的“三园”周围，仍有大片农田。1997年秋天，笔者曾作为新生军训指导员，参加了一次“紧急拉练”。拉练路径是出清华东门，向北行约5公里到清河，西拐至上地，再往南，从清华西门返回。之所以选择这条线路，是因为路上车辆稀少，足以保证学生和教师们的安全。我清楚地记得，当队伍行至中点附近的上地桥时，正值清晨，同学们高唱军歌，旗手则用力地左右挥舞着足以占掉大半边路的军旗。那一刻，我的感觉是：没有一辆车，整条路都是属于我们的。

五年后，本人住进了上地桥北面800米一个由几十幢“小高层”和多层住宅楼组成的小区，开始了天天挤公共汽车的生活。再过五年，这个小区成了一个早晨出行相当困难的地方：无论从哪个方向，只要走出小区大门，即被路上满满的、以私家车为主的车辆堵死。为了保证上班时间，

①王军，《采访本上的城市》，北京三联书店，2008年6月，第302页。

我又恢复了骑自行车的习惯，并且经常在开车族面前以“环保主义者”自居。

在清华园东南角，一幢幢高楼也相继拔地而起。变化之快，之彻底，使得笔者一位出国不到两年的同学在返回母校时，不得不“先登上清华南门外一座人行天桥，四面张望，以便找到一点还认识的参考物，好知道自己身处学校的哪个角落”。原先以脏乱差著名的五道口，现已成为一个名副其实的“国际社区”。走在路边，耳际回响的不只有熟悉的普通话，还有备感亲切的广东话和只能抓住几个单词的英语，以及完全不知所云的韩语、日语等。

难怪诺贝尔经济学奖得主斯蒂格利茨有此预言：在21世纪，影响人类社会发展进程的两大因素，一个是美国的高科技，另一个就是中国的城市化。

但身处巨变的我们，似乎已习惯了身边的种种变化。我们习惯得近乎麻木，甚至会产生这样的反问：这一切难道不都是理所当然的吗？难道不正是我们在“发展”中应该遇到的吗？

变化应不应该发生，或许要视其具体情况而论。有的问题，也可能不是现在就能得到最终答案，需要“走着瞧”，需要经过“实践检验”。但在“享受”这些变化之余，我们不应忘却一件事，那便是记录。不管我们的时代是伟大还是堕落，为了我们的子孙后代，我们必须把它记录下来。智慧也好，教训也罢，累积起来，就成为知识。西谚有云：“知识是引领人类社会走向文明、走向进步的明灯”。记录之功，善莫大焉！

一本小书，几十个年轻人的观察和记录，只相当于分量极小的一滴水。我们还需要很多很多这样的一滴水，才能汇聚成记录整个时代的知识之海。

这批年轻人之所以写下这些文字，原本只是为了完成笔者在“乡土建筑学”课堂上布置的一个小作业：回忆自己从小到大的住宅变化。

令我颇感意外的是，同学们交上来的，好些都成了“大”文章。其中原因，我想，可能有三。第一，回忆总是美好的，何况是回忆自己的家——那是多温馨的场所啊，尤其对那些离家千里为求学、青灯黄卷苦读书的学子们而言。第二，过去的20年，我们这个社会变化实在太大，而这种变化又相当集中地反映在住宅上。变化多，可供回忆和讲述的故事也就多。第三，秉承陈志华先生的训导，我在讲课中始终贯穿一个核心思想，那就是从生活和社会的角度来观察、思考建筑。这一思想应该已被一些同学接受。来自汽车系的史舒迟同学说：“通过上这个课，我才发现原来搞建筑的人是这么关心人的生活形态。”

住宅是对生活和社会变化反映最敏感的一类建筑。最近20年来，我们的城市和乡村都发生了巨变。这种巨变，确实从多个角度投射到住宅上。在某些发达地区，农宅的拆旧建新已经历了若干代，几乎每隔六七年就推倒重来一遍。在大多数城市，包括很多不发达地区的城市，市民的住宅也至少经历了平房、筒子楼、单位集资房和商品房这几个阶段。“按揭”，这个听起来莫名其妙的词汇，20年前还极少人知晓(除了港澳台地区)，现在却可能每天都要听上几遍，甚至说上几遍，熟悉得不能再熟悉了。

因为亲身经历了过去20年剧烈的生活和社会变化，也因为认识到建筑尤其是住宅和生活之间的密切关系，不少同学写起这篇作业来就像拧开了水龙头，洋洋洒洒，真情流露。李广龙同学在文章结尾时总结：“原来我的住宅史还是挺丰富的，从15平米的筒子楼宿舍到200平米的大房子，从市中心到目前的城市边缘，经历了拆迁、租房、集资、贷款等等与房子有关的事情，也算是见证了城市住宅的发展。”另一位同学在交完作业后网上留言：“这是本学期写得最开心的作业。”我视此话为对本课程的最大鼓励。

住房的变化意味着搬家，不管是在原地翻建，还是迁徙他方。于是乎，搬家，一次又一次搬家，就成为20余年来无数中国人的“共同记忆”。它给人印象之深刻，使得一部分同学在写作业时直接把题目改成了“搬家的故事”。

从提交的文章看，大多数同学已经历了五六次搬家。有位同学说已搬了八次家，正准备搬第九次，不知这是不是冠军。很可能有搬得更多的，只是没全部列举出来，因为是在类似的住宅里搬来搬去，懒得说了。当然也有搬得很少的。上海的一位同学(唐晓虎)，从出生到现在，不算大学宿舍，就没搬过家。一家三口，一直住在石库门的一间小房子里。其间的变化，只是把他的小床换成了大一点的单人床，还挪了位置，调了方向。可能是因为在一间屋子里住得久了，这位同学把家里所有的家具都记得清清楚楚。看着他画的平面图，我都能想象出一家三口相依为命的样子。

搬家的过程，也有着高度的相似性。这大致可以概括为：院子(或平房)→筒子楼→单位集资楼→商品房楼→别墅(此阶段非人人有机会经历)。我们的同学来自五湖四海：东至上海，西至新疆，南至海南，北至东北。在这么大的地理范围内，人们在经历着同样的“故事”，或许能说明我们的社会在行进方向上是颇为一致的。

一个有趣的现象是，人们一面搬家，一面却在怀念被自己放弃的居住方式的种种好处。比如，关于筒子楼，不少同学不约而同地写下类似的话：“一到吃饭时间，走廊里就无比热闹，锅碗瓢盆的响声、家长里短的交谈、饭菜的香味，成为我深刻的记忆”(潘曦)；“墙挨墙，门靠门，一家做饭一楼香，一家吵架一楼帮”(张雨辰)。

关于院子的记忆，也许最美好：

“在夏天，吃完晚饭屋里还很闷热，于是大家都出来在院子里乘凉。刚开始是各在各家，后来往往变成聚集在一家，热热闹闹地谈天、下棋，其乐融融。大院子成为邻里交流最理想的场所，它有围合感，同时具有开放性，是整座房子中最有可能跟外人分享的场所。”(张雨辰)

“侧院虽小，却蕴育有无限生机。特别是那株年年硕果累累的无花果树，是激发我对自然科学最初的兴趣的源泉。”(李奇文)

“这个院子承载着我从七岁到十三岁最纯净的童年时代，有春天午夜房顶上野猫们相互追逐的呼呼咚咚，有夏天傍晚街坊老太太们的八卦大会，有秋天为争夺死去老爷爷家枣树上的枣子而展开的明争暗斗，还有冬天为了给雪人做鼻子而从家里偷出来的胡萝卜。这个胡同里住的大多不是什么有钱人，他们有时小气、有时互相使坏，但看见街坊的家门没锁总会喊上一声，蒸了倭瓜馅的包子也会给小孩的朋友留上两个，那种浓重的人间烟火气是我之后的人生里，再也没有体会过的。”(王迪)

不过，这些美好的回忆，似乎只能是回忆，不可能回到现实。正如万君哲同学所说：“小时候觉得非常大的院子，其实非常小。”因为害怕回忆变得不美好，她甚至鼓不起勇气，去看一看那间曾经住过的平房。

搬家后，我们的生活有怎样的变化？潘曦同学敏锐地观察到：“住宅的改变，带来了行为的两极化。首先从家庭内部，更加封闭，生活娱乐都是关上门在家里进行……与外界相关的行为则扩大分散到更广泛的区域，购物、娱乐、交往，不再限于单元或小区，而是在城市的各个角落。”看完这段话，你会不由得想起丘吉尔的那句名言：人创造建筑，建筑也塑造人。建筑和生活的关系，是多么的密切！

“两极化”现象，在中国已有普遍化趋势。如果没有马来西亚留学生梁孙发提交的作业，我也许会以为全世界的“小区”，都跟我们一样：邻里之间，恨不得老死不相往来。梁孙发说：“这个社区大家的相处都不错……时不时就在隔壁家办聚餐，大门打开，而其他人就会自动地走进来。此外，逢年过节大家也会聚在一起。春节期间，各家凑点钱，把整条街挂满了灯笼，晚上红彤彤的一片，新年气氛浓郁。”

这不只是小区，还是真正的社区！此种情形，我至今在中国农村做乡土建筑调查时还时常可以遇到。那是一种“熟人社会”，它们以这样的方式存在了几百年，甚至上千年。如今，城里人以购房合同的方式，在一两年内就集中到了一起，组成一个个“陌生人社会”。

“陌生人社会”或许也没什么不好，尤其是对于整天忙于工作的人，因为他们太忙，忙得无暇去认识邻居。但是，再忙的人，也会有周末和假期，也并不是所有周末和假期都花在离家旅行上。周末在家，除了看电视，就不用到小区里散散步、溜溜狗？更重要的是，我们这个社会还有很多不用上班的人，比如小孩和老人——据官方资料，中国人口年龄结构已开始进入老年型；在今后较长时期内，60岁以上人口将继续以年均百分之三点多的较快速度增长。[①]对这些人，小区很

①见：《中国进入老年社会 政府打造老年人良好社会环境》，中国新闻网，2003年10月26日。

可能是他们生活世界的一大半。对自己生活世界里的所有人视而不见，你能坚持多久？

能成为社区的小区，才是有魅力的小区。

几十篇回忆文章放在一起，如何编排才便于读者阅读，而不是让读者都成为阅卷教师？这成了个不大不小的难题。

按学号顺序排列，无疑最简单、省事。但这种学籍科式的管理手段，把活生生的人都简化成一个个数字符号，用时下流行的话说，是“太缺乏人性”的。

按生源省份排列，或许是个不坏的方式。然而，我们的同学虽来自五湖四海，但在各省分配上却很不平衡：北京、上海、浙江等地的较多，西藏、贵州、云南和台湾一个都没有。还有少数同学(如张雨辰、王迪、赵蔓蔓)，在上大学前就拥有别人没有的跨省居住经历，其文章该算哪个省份，也不好定(比如张雨辰同学，在海南考的大学，但大部分时间住河南西峡县)。

按大的地理区域排列，可能更合理。比如，分成东北、华北、西北、西南、东南和华南几个板块，每个板块各是一章。这样，整本书的结构就显得清晰明确。但也有问题，那就是板块的边缘地带怎么办？比如张暄，家在淮安(这是建立中国南北地理分界线纪念碑的地方)，该算哪个板块呢？家在南宁的李杨，是属于华南板块，还是属于西南板块？

思忖数日，笔者突然醒悟：我之所以对上述几种编排方式不满意，根本原因其实并不在于编排上的技术问题，而是其无法反映隐藏在建筑背后的社会和生活——这一条，正是我在课堂上反复强调，意欲“灌输”给同学的思维方式。

有什么方法可以让这本书更好地反映社会和生活？

我首先想到的方案，是看同学们的家庭背景。说白了就是调查父母职业。我们都知道，家庭环境对青少年的成长极为重要，而家庭环境的形成则与父母职业有着密切关系。有不少同学是交代了他们父母的职业的，比如范冬阳和胡蝶都来自西安的大学校园，李杨的爸爸教高中物理，谭舒丹的爸妈都在一所中学教书，陈云鹤的父亲是一名木匠，王璐的妈妈则是当地(山东莱州)有名的医生……不过，很遗憾，更多的同学似乎并不愿过多描述其父母的工作，或许是不想过多涉及隐私，也或许因为觉得这和文章题目没有直接关系。总之，按家庭职业背景来编排本书，是不可实现的理想，因为在基础信息上有重大缺陷。

于是，我能想到的唯一的方法，似乎就只剩下按同学们的生活大环境了，也就是分成农村、乡镇、县城、小城市、中等城市和大城市等类型。这便是本书章节安排的出发点。

高速城市化中的中国，其实依旧是一个农业大国，农村人口至今占总人口的60%左右。但选修2008年春节“乡土建筑学”的同学里，只有极少数出身农村——只有5%左右。我猜测，这个数值即使放到全校范围内，也可能差不太远。由于教育资源，尤其是好的教育资源，越来越集中到大中城市，农家子弟考上重点大学的是越来越少了。正因为这一点，杨冬英同学的经历尤显可贵。这位“从寨子里走出来”的小个子女生，在八九岁上就离开了带着猪圈的木构穿斗屋，跟随父母在小镇里辗转租房。而父母这样做的原因，只是为了村小校长的一句话：(你们女儿)学习不错，应该转去城里的小学好好读书！

好在“乡镇”一词在一定程度上也包括了农村，所以出身农村者可列入第一部分“在乡镇”。

第二部分的标题是“进城去”。这里面几篇文章的作者，都有从农村到城市的经历。我认为，这一点应该是导致第二部分成为全书最精彩部分的原因。钱晓庆、张雨辰和易尔薇的回忆，信息量大，情节曲折，很是耐看。

第三部分到第五部分都属于城市住宅，分别是“中小城市”、“省会城市”和“直辖市”，各有6~10篇文章。直辖市可单列，足以说明城市越大就越拥有好的教育资源。不过，不得不承认，出自直辖市尤其是首都北京的同学之手的文章，总体上令我略感失望。当然这似乎也怪不得他们：谁让他们缺少接触更多种生活的机会呢？

从乡镇到城市，从小城市到大城市，从国内到国际，这样的安排似乎有些进化论的意味。但这绝不表示作为上课教师的我，怀有看低小地方之偏见。事实上，本人恰恰就来自小地方。如果笔者也写一篇《我的住宅史》，它一定会列入第二部分，因为我的经历——出生在海南岛某农场，8岁迁到“大陆”(海南人的习惯叫法)某县城，直到19岁上大学。

现在，我也定居在中国的直辖市之一了，而且曾几次踏出国门。很多同龄人都有跟我相似的经历，很多比我年轻的人也会有跟我相似的经历。回头看自己走过的路，我发现它和本书的结构是如此一致！

罗德胤

2008年8月

# 目　录


**在乡镇** …… 1

湘西小城租房记 …… 2

从山村老宅到联排公房 …… 7

非建筑生眼中的住宅变迁史 …… 11

粤北小镇 …… 14

北方农庄与公社住宅 …… 18

山城的教师之家 …… 21

崇明岛的农家生活 …… 24

**进城去** …… 27

家在启东 …… 28

江南的农宅和城市住宅 …… 35

南南对话——从河南到海南 …… 38

浏阳河畔的大屋和小楼 …… 44

从淮北农村到北京城 …… 49

在小医院长大 …… 52

福安的乡下和县城 …… 55

**中小城市** …… 57

家，生活的积累 …… 58

苏北小城之家 …… 63

有爹娘的地方就是家 …… 68

住宅五阶段 …… 72
萧山住宅变迁的缩影 …… 76
家越大，心越小 …… 81
玉林的机关大院 …… 84
漂泊的家，永恒的爱 …… 87
不情愿的进步 …… 92
从三五二四到华北油田 …… 96

**省会城市** …… 101
我的大家庭 …… 102
从15平米到200平米 …… 107
住宅的“乡土化” …… 112
生长在校园 …… 117
生活的阶梯 …… 121
宅兮，爱之所倚 …… 126
住宅变迁史就是城市的扩张史 …… 132
什么是好住宅 …… 135
海南的科研之家 …… 137

**直 辖 市** …… 139
双城记 …… 140
四合院、筒子楼和板楼 …… 144
From 70 to 200 …… 147
一步一步向上爬 …… 149
一个从未搬过的家 …… 153
居无定所 …… 155
从北京到悉尼——从城市到农村 …… 158

附 录 …… 163
家住马来西亚 …… 164
我的家，我的成长 …… 168

# 在乡镇

# 湘西小城租房记

我的老家在湘西的一个普通小镇上，我的童年是在小寨里度过的。到小学二年级，村小的校长要调去别的村小了，说这孩子学习不错，让爸爸把我转去城里的小学好好读书。于是，从小学三年级开始，我便离开了家里的老房子，过上了租房住的生活。

## 1. 寨·跟我同岁的“老”房子和老老房子

寨子里住的差不多都是本姓，泥泞的小路串起了你家的墙我家的院。还是从我出生时住的房子说起吧。

准确地说我对住在这栋房子里的事情毫无印象：我是在这栋老房子里呱呱坠地的，不过，还不到一岁，我就搬到新房子去了。这是一栋传统木结构的老房子，穿斗式，坡屋顶。内部的隔墙都是木头的，只在外围有砖。房子自曾祖母带着爷爷奶奶始建，时有修葺和加建。我出生的时候，爷爷已过世，老房子里住着奶奶、伯父一家，还有我们家。叔叔在东北当了很多年志愿兵。房子的主体部分左右对称布置，堂屋在中间。我家住在堂屋右侧的房间，前半部分是厨房兼起居，后半部分是卧室。伯父家住在堂屋左侧的房间，堂哥堂姐都比我们大，所以还有一个加建的“偏房”也是伯父家的。厕所和猪圈在主体建筑的后面。条件比较简陋(图1-1)。

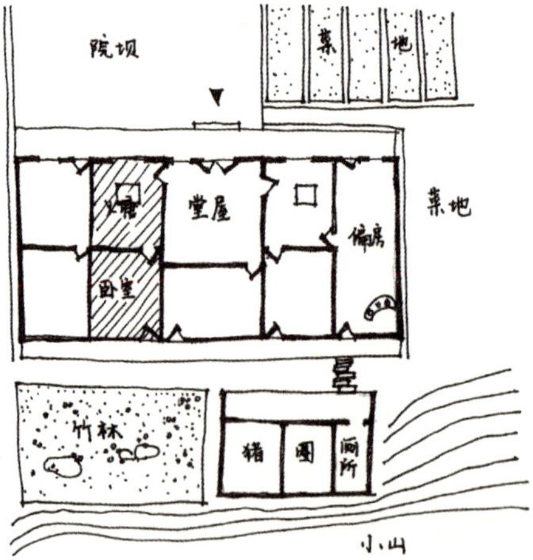


图1-1 老房子

伴随着我的出生，伯父和爸爸都有两个孩子了，奶奶还得考虑叔叔将来回来结婚安家的问题。所以我还没出生，我家的新房子就已经开始动工了(我出生时比姐姐当年重了几斤，后来我们常开玩笑说那是因为怀着我的时候妈妈为盖新房子忙上忙下，使我也得到了锻炼——那时妈妈为盖新房子还自己背砖)。农村盖房子，为了省钱，自己能出的工就尽量自己出(如果请人来干活算工资叫请工，自己做就叫自己出工。自己出工能省不少开支)。我还不到一岁，新房子就修好了，我和爸妈还有大我三岁的姐姐就搬进了新房子。这栋房子就在老房子东边，离开只有十来米，中间是菜园。房子依然是中间堂屋的对称格局。堂屋后面是厨房，堂屋两边是卧室。从结构上看，还是木头的梁、檩，坡屋顶。不过建筑的隔墙和围护材料都变成了砖——那时寨上的房子多半还是木头或石头的，于是我家的砖房成了数得出的漂亮的小砖房。厕所依然贴着猪圈，在主建筑的外边，距离还颇远。后来在我八九岁快要去城里的时候，在猪圈和主体建筑之间又加了前后两间房——由此看来这隔开的距离是早就算好了的。其实一家人用不了那么多地方。我一直未想明白为什么会再加那两间——后来那里的前面一间一直只是堆放着某一年砍回来的木柴。不过在这个过程中以及以后的日子里，以前的老房子(后来就是伯父家的了)已经加到了横排六间。横着加建，便是村里的习惯，很少有在后面或前面加建的。应该是出于采光的考虑，而且结构也简单(图1-2)。

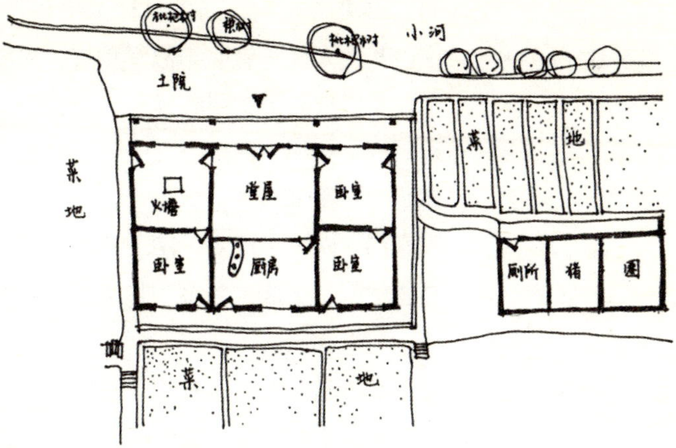

图1-2 1987年爸妈盖的房子

## 2. 小城 · 求学路上租过的房子

后来转到城里念小学，妈妈陪着我，一直到高中毕业。其间或有人劝，或自己动了念头，思考是不是要在城里买房子。不过，最后大家都赞成以后还是回老家，买房子没必要。所以，从小学三年级到高三结束，整整十年，我们租过各种各样的房子。

我们家租的第一套房子是县种子公司以前的职工宿舍，修建年代不详。我们住那里的时候，周围已经全都是租户了。它对于我们这些租房的学生户来说，其最大优势就在于离学校近。其实，房子还是和乡下的房子一样简单，单层，坡屋顶，围护材料是砖，但进深很长，有三间。前后有采光的分别为起居和厨房，中间一间卧室几乎一直是黑的。好在这里租户结构比较简单，一半是和我们一样为孩子上学租房的，一半是附近卷烟厂的工人。后面有一个院子，大家都在院子里洗衣，晾衣，休息聊天，邻里关系非常融洽。跟以前寨上那种邻里间都是亲戚、关系密切的情况挺像的。我家隔壁有个比我低一个年级的女孩，后来我们又上了同一所初中，同一所高中，最后她考上了上海交大——算得上是一起长大的朋友了。其实，后来很长一段时间我们都不住那里，但家长一直都有联系，所以我们也一直都有联系(图1-3)。

住了差不多两三年，我们便换了一个地方，是从一个表姐那儿租来的。这是县第二建筑公司的职工楼房，四层高(小县城里面80年代末90年代初的住房，基本上都是这个高度)。我们住在顶层，夏天特别热。两间卧室，其中一间朝西，很不舒服。为了避免下午的阳光将席子晒得太热，早上起床后妈妈总要把它拢起来。搬到这里来以后有一个最大的变化，认识的人突然少了。一层两户人家，我们这一单元就只有八户人家。我们家对面的那一户，据说是一个老乡的儿子儿媳，爸妈跟他们认识。楼下的一户人家也有两个女儿，跟我和姐姐差不多大，但我们很少碰面，也没有打过招呼讲过话。后来我考上县城一中，隐约记得有一次放学，另一个班一个女孩来找我，说以后可不可以跟我一起回家，我便想起是楼下的那个女孩。可后来好像我们还是没怎么一起走过。

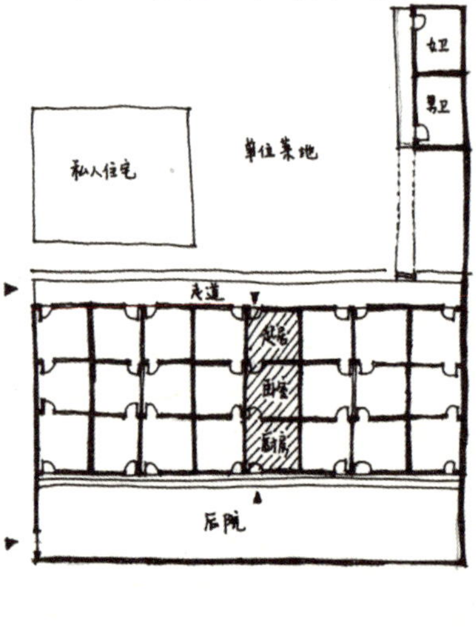


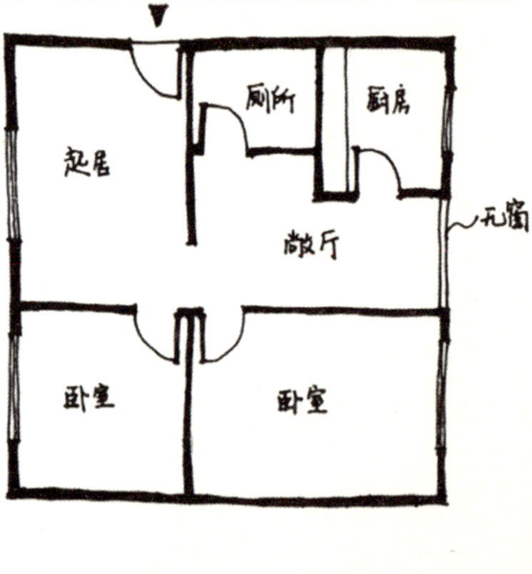


图1-3 到县城租的第一套房子
图1-4 租的套房

总之，我记得这套房子，但是对这里周围的人印象却很模糊(图1-4)。

同一时期或稍晚些的是爸爸单位的房子。爸爸一直在乡镇政府工作，一个人，只住着一间房，吃饭在集体食堂，很简单。后来爸爸调到了区政府，离老家很近。那里条件好一点，也给爸爸分了一套住房，房子的格局跟城里租的房子很像。仔细比较这两套房子，还可以发现两套房子都有一间很大的内阳台，相当于一个敞厅。这个敞厅联系着厨房、厕所等，通风很好，阳光也不错。我记得爸爸曾在他那个敞厅里放满了盆栽。我想应该只有南方才能这样(图1-5)。

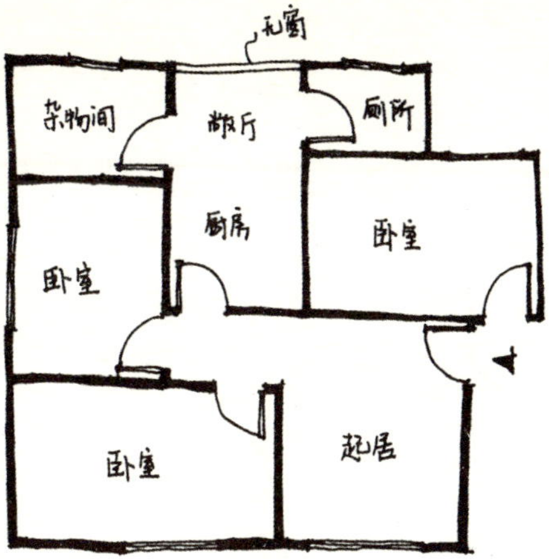

图1-5 父亲单位的房子

到高中毕业，我们家又换过一些房子来租，类型差不多都是前面介绍的小套房，没有太多特别之处。值得一提的是高中有一段时间住的房子。高一高二所在的学校，坐落在吉首市老城和新开发区中间的一个村子里，这个村子因为学校而改变了它的经济结构。这是一所重点学校，很多外地的学生家长或爷爷奶奶租房子陪着孩子，所以村民纷纷建起了简单的两三层楼房，来满足这一租房需求。我住过的那个地方就是一道走廊连着前后两进的很多套房子。前面为起居，后面为卧室，厨房也简单，就在起居室里面，或者干脆在走廊上。同一道走廊串起来的住户也来自四面八方，有一些方言甚至已经不太一样。家长们都在走道上做饭，孩子们放学都从走道上回家，生活简单而相似。所以，邻里又熟悉起来了。

### 3. 寨·漂泊后的回归

在外面时间越长，就越怀念老家的样子。

高中毕业后，妈妈结束了陪伴我读书的日子，搬回老家。这时候家乡的小寨已经盖起了很多一二层的平顶房。也很少用青砖了，大家都用空心预制砖，然后为了好看些在表面贴瓷砖。但农民们传统的生活模式没有变，所以建筑的内部格局基本上变化不大，还是堂屋，以及左右两间，有的将以前传统的两

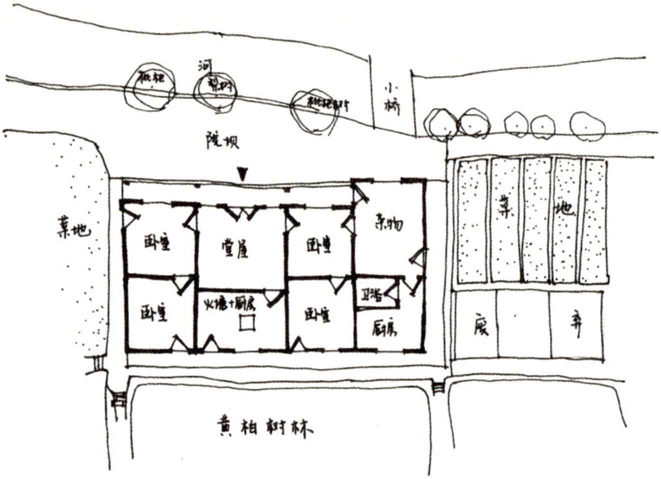


图1-6 自家房子的加建和改建

进改成了一进。不过也有少量请设计师画了图的小楼房。爸妈对我们家的房子只进行了简单的改变：将以前的堂屋装修了一下，作为起居和客厅；起居后面有灶台的厨房改成了火塘间，同时也保留简单的厨房功能；在后来加起来的那间屋子里加了室内的厕所和浴室；不再养猪，所以猪圈和以前的厕所都荒废了。爸妈现在过的是一种城市和农村中间状态的生活(图1-6)。

而我假期里回家的那几天，总喜欢坐在老家的堂屋或前面的院坝里，周围很安静，有知了和鸟的叫声。天空特别明净，夜晚可以看见很多星星。

**编者的话**：湘西的大名早已如雷贯耳，但龙山县我还是头一回听说。从寨子里飞出的凤凰，一定饱尝了人间的酸甜苦辣。辗转租房的经历，不知道是否给幼小的心灵留下了难以磨灭的漂泊感。从这篇文字里我还知道：原来一所中学也能彻底改变一个村子的结构和命运。农民自发搞房地产的现象，不只存在于深圳和广州这样的发达大城市，在小县城也会出现，而且还形成了邻里关系颇好的社区。

杨冬英
(建筑系，湖南龙山县)

# 从山村老宅到联排公房

从我出生后我们家好像一直没搬过家。可能因为家长是爷爷奶奶，有些安土重迁的缘故吧。那就扯得远一些，从前几代人的住宅说起。

### 1．山村老宅

我的曾祖父是木匠，有一所自己盖的宅子在老家的村里。曾祖父到处给人盖房子，现在想来，他给自己盖的房子也很讲究。老家的村子沿河而建，我家的老宅坐落在村尾，坐北朝南。古老的村落有所谓“去水有情”之说，蜿蜒的河水在我家宅前弯了一道弯，村尾是一座风雨桥。在风雨桥边的山岗上有一座“天后宫”。因为河水弯了一道弯，还因为在村尾房子不多，我家门前的土地比村里其他人家的都开阔，想必也更肥沃。风雨桥和“天后宫”还让这里很有“人气”。老屋是当地典型的布局(图2-1)，一座正房，东西各有两个厢房，都是两层楼。正房是大堂和主要卧室，耳房的一层是厨房和杂物间(图2-2)，二层是卧室(图2-3)。房子面积很大，大约有四五百平米，厨房大致都有四五十平米。三座建筑围合出一个开敞的前院，视野很好，平时劈柴、倒水、过年放鞭炮等事情都在这里做。

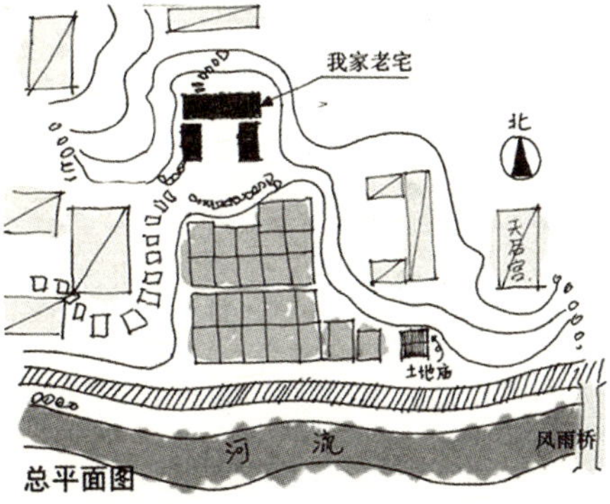


图2-1 总平面图

我所说的都是大公(曾祖父)过世以后的状态了。老屋平常不住人，大公在世时，我们回老家探亲或祭祖还在老屋二层的卧室里住，而现在都不在那里过夜，只有二奶奶有时回去小住。老屋是木结构的穿斗式房子，墙壁是木板和竹篾编织外抹草泥的。窗

图2-2 一层平面图
图2-3 二层平面图

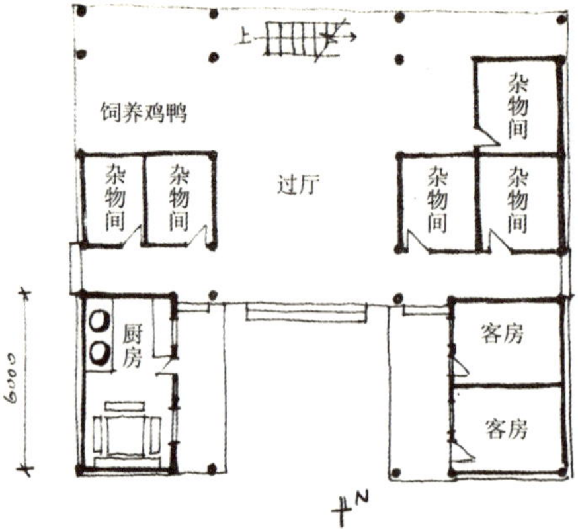


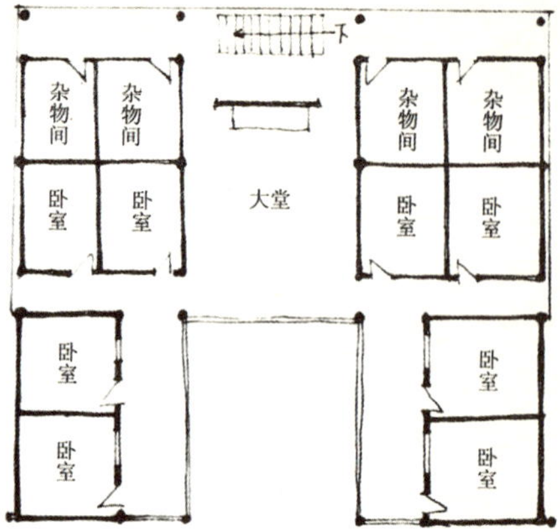


户没有玻璃也没有纸，而是木格栅的，缝隙很窄，采光不好，有一个木窗扇可以把它完全遮住。屋顶阁楼里堆放了很多木头。记得小时候捉迷藏爬到了阁楼上，还见到那里有一具鲜红色的棺材，好像是二奶奶为自己的身后事准备的，当时真的吓了一跳。

许多年没有回老屋了，老屋对我来说又熟悉又陌生，很多房间我从来没有进去过，我小时候还经常梦见自己在老屋的各处探险，发现各个房间里有趣的东西。它成了我童年神秘又美好的回忆。

### 2. 传说中的二十四家

我家后来在县城里租房住。据说我出生前我们家住在县政府附近，人称“二十四家”，现在已经拆掉了。那是城区中心，房子密度大，估计是那种四五层的折尺形的板楼，应该还有一个公共的大院，可能真的有二十四家人吧，就是那种机关家属大院。这都是从现存的类似房子猜测的。

### 3. 联排公房时代

我现在的家住在山腰上，同样坐北朝南。我们县城也是建造在河谷里的，从我家可以俯瞰县城。那是一座建造于上世纪80年代的联排住宅。两层砖瓦房，一共五家人。屋前是一条公共过道，比较宽敞，类似老家那个前院的作用，大家都在这里养花草，五家人常常在此一起活动，我小时候经常和邻居在这里打羽毛球。由于是在山坡上建房，地形被改造成台地，我家这排房子的下方还有一排同样的房子，上方是一座大独院(屋主为当年承包建设我们这两排房子的包工头)。下一排的每家房子后面都有一个院子，可以养猪或鸡鸭。我们经常趴在阳台上看他们养的这些动物。我们上下两排房子间还有一层台地，也被开辟成了菜地。我家也在附近山坡上开辟了菜地，种一些自己吃的蔬菜。房子后的竹林也是我家的，每年夏天我们都要去挖竹笋。这些菜地和竹林都是曾祖父当年在七八十岁的高龄时开辟的，现在渐渐荒废了。

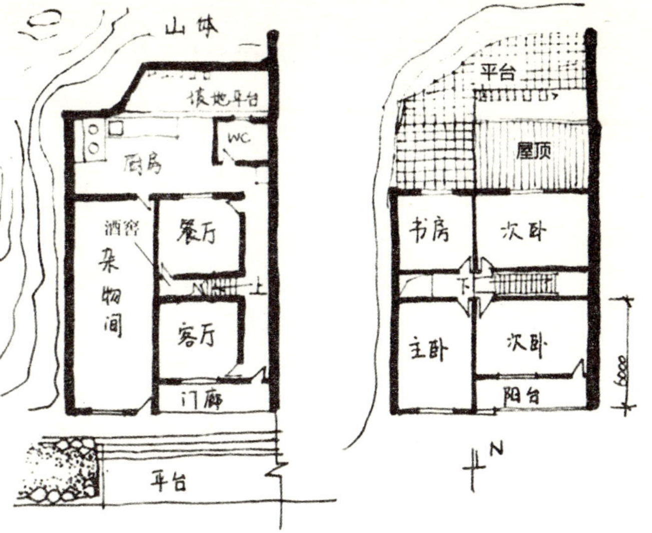

图2-4 一层平面图，二层平面图

我家的房子比较大，由主体建筑和另外加盖的两座房屋组成。主体建筑一层是客厅和餐厅，二层是两个卧室，中间有一个楼梯(天窗采光)。增建的房屋一个是屋后的厨房(就是养猪的后院位置)，另一个是西侧的一座两层砖瓦房，一层是杂物间，堆了很多木材(我家几年前还在用木柴烧火做饭)，还在里面养过鼯鼠和兔子。二层是爷爷奶奶的卧室，我也住在这里。这个卧室很大，放着大电视，所以也是全家人的起居室和实际上的会客室。这座房子的墙壁是砖砌外抹草泥再加抹白灰，墙裙抹了水泥。一层地面是水泥地，夏天十分凉快。二层是木梁铺木楼板结构，在楼上蹦跳则家具震动，我爷爷常常阿Q式地说这样抗震好。屋顶是双坡顶，木梁木椽再覆青瓦，瓦碎则漏雨。屋顶和房间顶棚间也堆了很多木头(有年头了，我也搞不清是干什么的)，我家的猫经常在此追逐老鼠。由于木板隔音效果不好，夜里可以听见猫和鼠的爪子在天花板另一面的刻划之声(图2-4)。

我家的房子已经很旧了，楼板和风扇嘎吱作响，不能和现代的楼房相比。我们的住屋习惯也跟不上时代。家里没安空调，三年前开始用液化气灶，去年才有自己的厕所。但和爷爷奶奶住在那里的生活丰富而有趣，邻里关系也很好，孩子们一起玩耍长大，一点都不孤单。我家的房子留给我许多美好的回忆，但这房子也存在很多问题，比如不易清洁，老人容易在楼梯摔倒，还是希望以后能有更加舒适的房子。

**编者的话：**木匠的曾孙上了建筑系，朱熹的同乡进了清华园。吴锡嘉的来头可算不小。木构建筑的确有“柔性抗震”的优势，这是当下结构界的时髦话题。专事文化遗产保护的吕舟教授从震后的都江堰二王庙考察归来说：用现代材料(铝板)加固的都塌了，只用传统材料的都还立着呢！

“夜闻猫鼠刻天花”的经历，也难得为现代的城里人所体会了。我小时候倒是有此经历的：静谧漆黑的深夜里，从天花板那里突然传来轰隆隆一阵骚动的声响，这是正在追击的猫或正在逃跑的老鼠拨动了不知哪根木头的后果。天花板上储存木材，在南方很普遍。

吴锡嘉

(建筑系，福建尤溪县)

# 非建筑生眼中的住宅变迁史

我的家乡坐落在辽宁省盘锦市东郭苇场，可以算得上是有些特殊的东北小城镇，位于河海交接处。它是依靠一片广袤的苇田发展起来的小城镇，在近二十几年中这里的住宅也随着经济发展而改变着。

### 1．低矮的地震棚

大概是在我出生的一两年里，我家住在亲戚家门前的地震棚中，可能是因为唐山地震的影响，那时候，几乎家家都有这种用茅草等一些轻质材料搭建起来的地震棚。这些是听我父母亲说的，而在我的记忆中几乎一点印象也没有。

### 2．传统的家属房

从地震棚中搬出，直到9岁，我家都住在镇里俗称的家属房里。当时一般在镇政府、苇场机关工作的人及镇上工厂的工人都住这种房子。这种家属房是一排一排盖起的，每家之间用大概2米高的砖墙隔开，房子的格局大致都一样，横跨大概六七米，纵向大概有5米，分两个屋子，外屋是厨房兼餐厅，里屋的卧室兼客厅。房门到院门大概有12米，中间是一个小院子。一般院子里会圈养些家禽，还记得当时我家养了不少的鸡鸭什么的。至于建筑的材料，墙应该是砖墙，房顶是木梁，上面盖很厚的几层苇薕，再上面铺油毡纸用于防水(图3-1)。

### 3．典型的北京“平”

9岁左右，大概那几年镇里人口增加的比较快，经济也稍微好了一点，在镇的东南部有一片新的住宅区出现，不过房子的样式很单一，都是当时比较流行的“北京平”。北京平，属于典型的北方建筑，外形用比较白的话来形容就

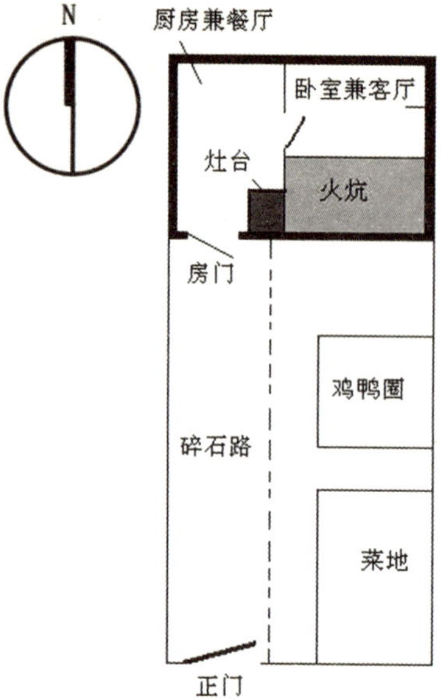


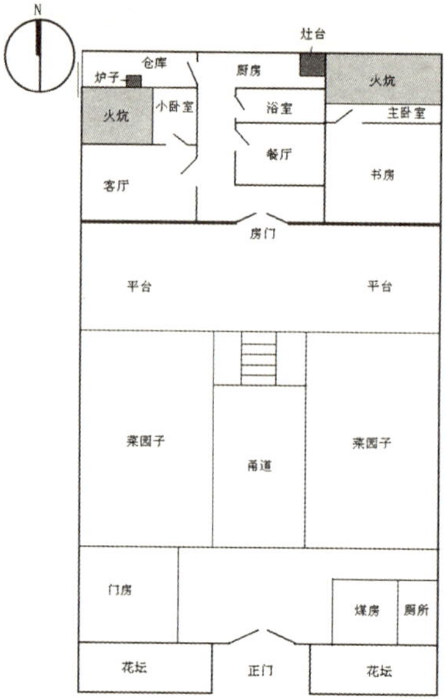


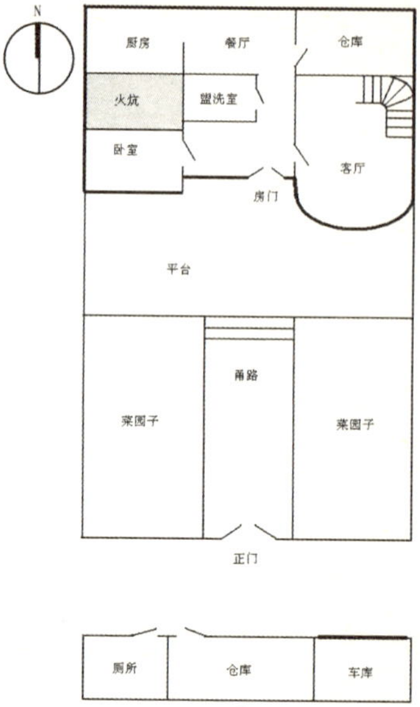


图3-1 家属房平面
图3-2 “北京平”平面图(中)
图3-3 2层楼房总平面图(右)

是一个盖子比较大的长方盒子。通常10家住户连在一起，左右邻居之间也是用2米高的砖墙相隔。结构一般是三大间，横跨大概十四五米，纵向8米左右。最东边一间分为两部分，外面比较大，是我父亲的书房，里面是主卧室，我12岁以前跟父母一起在这间卧室睡，之后就被赶到西间的小卧室去了。西间比东间小了一点，不过也分两部分，外面是客厅，里面是我的小卧室。西间之所以小，是因为靠房子后面留出了2米宽的仓库与中间的厨房相通，中间被分成四部分，从房门进入是门厅，连着靠西面的走廊，第一间是餐厅，然后是浴室，再后面就是厨房。屋外的院子纵向大概20米左右，从大门进院一条直道通向房子，不过中间要上5级台阶上到平台，平台纵向大概5米，在台阶下的道两旁是菜园子。门左右两角分别为门房和厕所。一般门房堆放储备的粮食和一些旧家具等杂物。建筑材料主要使用钢筋水泥和红砖，房顶使用的是水泥预制板，防水层依然使用油毡纸(图3-2)。

### 4. 新兴的楼房

14岁的时候，也就是我刚上初中一年级的那年，镇里兴起了盖楼热，七八层的集体住宅楼纷纷拔地而起。稍有不同的是，有大概八九家人在苇场机关大楼东边的空地上盖起了2层楼房，我家也是其中之一。院子的格式与之前的北

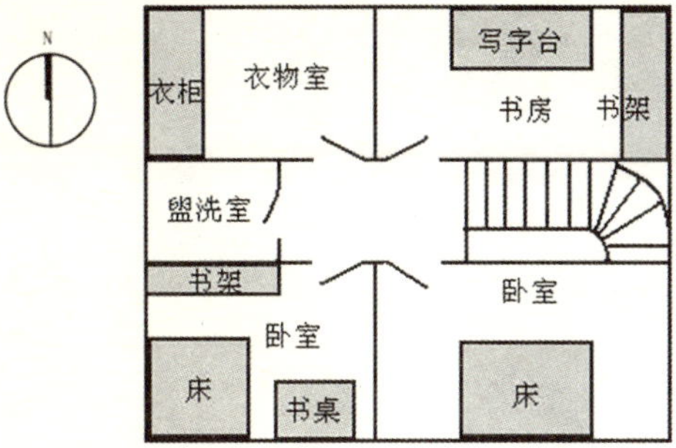

图3-4 楼房平面图
图3-5 楼房外观(右)

京平差不多，都有平台和菜园子，也许这算是农村的一个特色。不过仓库是建在了大门外，是一排，3户人家的仓库都连在一起。这次与邻居之间是用铁艺围栏相隔，包括外门也都是同样的材料，栅栏嵌在大概半米高的石料矮墙上。楼房横跨大概16米，纵向为12米。楼一层分6间，进门为门厅连走廊，沿走廊向里走，靠西侧为盥洗室，再向里自西向东分3间，依次是厨房，餐厅和仓库。一层西间为东北传统的卧室兼辅客厅，有火炕和一些简单沙发，主要用于冬天居住。东间为主客厅，客厅东北角是通向2层的转角扶梯(图3-3)。2层横跨比1层少6米左右，分5间，南面两间是大小两个卧室，北面东间为书房，西间为衣物室，靠西侧中间小间为2层的盥洗室(图3-4)。房屋的建筑材料依然以钢筋水泥和红砖为主，屋顶也使用水泥预制板，板上铺珍珠岩用于保暖，更加不同的是在屋顶使用了琉璃瓦，使整个建筑稍微呈现复古的风格(图3-5)。

**编者的话**：“北京平”我是头一回听说；唐山地震的影响居然到了辽宁盘锦，而且持续至1980年代中期——真是长见识了。古人说教学相长，诚然！还有，岳冬没有进一步交代他家乡最有“特色”的东西——苇田。所谓苇田，就是长芦苇的田，实为湿地之一种。东郭苇场，乃是世界第二大苇田，面积50多万亩。苇场属国营，是一种特殊的经济生产类型。在此基础上形成的聚落，应该也有其特殊之处吧。可惜他的行文止步于此……

岳冬
(物理系，辽宁盘锦东郭苇场)

# 粤北小镇

## 1．小平房

妈妈是中学老师，我刚出生时我们住在妈妈学校的小平房里，对于这个我已经没有任何印象了，听妈妈说她在那里养过小狗，很有感情的样子，于是我很不理解为什么后来我要求养小狗的时候妈妈怎么也不同意。后来为什么搬走也不知道，大概是我出生以后生活环境不再适合一家三口了吧。长大的时候再去妈妈学校，小平房已经拆了。

## 2．小院子

大概是我快要上幼儿园的时候，搬到了爸爸以前单位分的房里，我们家住板楼的一层，两室一厅，差不多60平米。在这里一直住到我初二，整个童年都是在这里度过的，有着很多很多童年美丽的回忆。

在家里，我住朝南的大房间，算是爸妈怕小房离客厅太近影响我写作业而给我的优待吧。房子有两个入口，对着楼梯间的入口和客厅阳台的入口。对着楼梯间的入口是正门，但客厅阳台的入口更方便，于是后来我们都在楼梯间的入口门内堆了很多杂物，那个入口也就不再用了。偶尔有极少串门的客人在楼梯间的入口敲门，都是我们绕路去接或者在门内告诉他们怎么走。不过我是很喜欢客厅阳台的入口，因为南边有一个属于我们自己的小院子(图4-1)。

在小学三年级前后，有小偷从厨房的阳台撬门进来，偷了当时很贵的双排煤气炉和一些别的东西。由于厨房门锁了，小偷没有进到客厅和房间。后来我们就把房子改造了，把厨房后面的阳台封上，把做菜的地方搬到原来的阳台处，厨房则用作储物，打通了厨房南边的墙，这样厨房利用率更高了。记得小时候，家里是用竹子围的院子，每次都是我们自己买竹子自己围，很有意思。

后来我们家隔壁要砌红砖的围墙，我们也就一起砌了，为了两家的院子要不要联在一起商量了很久，最后还是分开了，唉。当时好像是我第一次看工人砌墙。改造前后的平面图是根据自己的印象画的，不一定准。

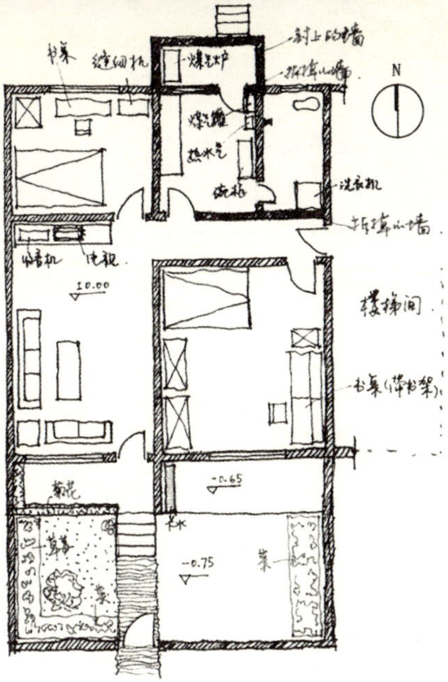


图4-1 记忆中的老房子

虽然住了很久，这个房子还是有些缺点。广东的房子，一层到了春天就非常潮湿，水泥地上整天都是湿的，经常见妈妈用干的拖布或抹布擦地。还常有大大小小的老鼠光顾，以及下水道爬进来的鼻涕虫、被我们叫做“偷油婆”的蟑螂、到处结网的蜘蛛，等等。房子不大，餐厅和饭厅是不分的。去卫生间要经过厨房，不太方便。卫生间很大很长，使用率不高。还记得我很小的时候不能蹲便，于是妈妈结合很长的卫生间，给我发明了一种方便方式，很是有趣。

再说家中门前的院子，这里是给我留下最多回忆的地方。爸妈下班都晚，我放学后大概有两个小时左右时间是自己一人在家。除了和小朋友们玩，大部分时间都是我和院子里的各种植物和小动物一起过。从院子旁边的蓖麻树上收集蓖麻，有黑色种子的喇叭花，紫色果的藤菜，每天中午都能开很多太阳花，我自己种的心爱的粉红色菊花，最爱的草莓和妈妈种的菜，拍苍蝇、看蚂蚁、抓蝗虫、找蚯蚓、收集瓢虫、过家家……即使是自己一个人，也玩得有滋有味。

那时候爸爸在离家有点远的电厂上班，中午不回家吃饭。我和妈妈在家里，每天中午都要数一数院子里的太阳花开了几朵。我一二年级的时候，常常在放学路过的一个地方和伙伴们一起捡好看的石头，捡到心爱的石头又不敢带回家，于是藏在院子里的喇叭花下。还是用竹子围院子的时候，院子里进来过一头牛，把我种的菊花的花蕊全吃了，我放学回来看到后非常伤心。我小时候特别爱哭，每次犯错误就被妈妈赶到院子里罚站，赶出去我就大哭，哭声大得周围几栋楼都能听到，于是在附近就以爱哭闻名了。

四栋楼围合成一个小广场。广场和马路间有大约两米的高差，硬质铺装，除了一些菜地和自家种的小乔木外没什么绿化，却是一个宜人空间。那时候邻里关系很好，住在附近几栋楼的人都很熟悉。晚饭时闻到哪家的菜香就去蹭两口，晚饭后大人都出来散步聊天，小孩则在广场上做游戏疯跑。那时的气氛真的很好，以至于后来搬到下一栋房子的时候我很不习惯。

### 3. 单元楼

大约在初二，我们家搬到了另一套房子。搬家最主要的原因，是上一套房子离镇中心太远了，我妈上课和我上学都不方便，我当时在心里是很不舍的。新房子在三层，再也没有原来自己喜爱的院子，最多也就在阳台种点花草。房子大小跟原来的差不多，也是两室一厅，把厨房后的阳台改成厨房，现在的厨房放杂物。板楼，每层有三套房，我们家在中间，卫生间只对厨房开了一个小窗，采光和通风都很不好。客厅阳台前没有任何高楼遮挡，风景很好，夏天下雨时经常看着雨点哗哗地打到一层的院子里，旁边平房顶上雨水顺着瓦片冲下来。写累了作业到阳台上看看，给小花拔拔草，看看远处的山，是很惬意的时光。

我在这套房子里度过了中学时光，印象很深的，是我那时候特别着迷做手工，常常是在房间的空地上铺一层草席，草席上放着各种各样的手工材料，做中国结用的绳子，串珠用的各种珠子，折纸花用的漂亮的彩纸，十字绣用的各种针线、剪刀、刻刀、胶水、大头针，还有教手工的书……各种东西铺满一地。周末放假的时候，在草席上一坐就是一天，然后用这些材料做出自己得意的作品来(图4-2)。

初中的时候我还是住大房，因为小房对着客厅开门，爸妈怕影响我学习。高中以后住校，我就被挤到小房去了。房子离妈妈学校步行10分钟，妈妈的工作一直没变，这套房子一直到现在还在用，不过我已经很少回去住了。

在这次搬家前，单位的房子都

图4-2　中学时绣的十字绣抱枕(左)
图4-3　新房室内

改成私人的了，给我们发了房产证。新房子我们大约是花一万元买的，五千元装修，旧房子卖了四千五。镇里的房子的确是不值钱，现在再卖的话应该能有两三万了吧。

### 4. 在市区

大一的时候，爸爸在市区找了份工作，几个月后我们在市区买了房子。两室两厅，饭厅和起居是通的，建筑面积90多平米，大约2000元每平米，房子+装修+家具得有30万吧，这是我们家有史以来最大的一笔开销。房间的结构比以前的合理，显然是经过设计的。我们住四层。前面说过广东的房子一层很不好，我们小区的房子一层临街用来做店铺，不临街的用来停车或放乒乓球台等运动设施，小区内还有游泳池、篮球场、喷泉等，相比以前是一个不错的人工环境(图4-3)。

小区附近有一个很有人气的健身广场，晚上吃完饭经常和爸爸妈妈一起去散步，有时候也会走到河边。夏天的时候特别凉爽。天气好的时候和妈妈一起去市中心逛街，夏天的傍晚有时候还会和爸爸妈妈在小区楼下的乒乓球台打球。这些算是一家人在一起最快乐的时光吧。

大学时候买的房子，我每半年回去一个月，在这里住的时间很少，故事也更少。我的房间是小房间，我不在的时候还兼作客房。客厅的阳台对着公路，睡觉的时候有点吵，阳台比以前的房子都大，我很喜欢趴在阳台上看路上的行人车辆和街边的小店，当然还有看雨。

爸妈这时候算是同城分居。周末妈妈来市区或者爸爸回镇里，现在想来，一个人在家到了晚上还是很孤独的。

**编者的话：**看这篇文章觉得很是亲切，因为王丽莹算是我的老乡。我的小学和中学，都是在韶关下辖的一个县城里度过的。我小学时住的家，和王丽莹“记忆中的房子”也颇为相似。门前的院子，也是给我留下最多记忆的地方。不过我家的院子可不止种花花草草，还养了几十只鸡。那只毛色鲜艳的大公鸡，武力高强，对其妻妾儿女们可谓是护卫有加：除了我奶奶去喂食，其他人一律不得进入它的地盘；谁要是敢擅闯，它便马上飞奔过来，不分青红皂白地啄你个遍体鳞伤。

文章的第一段话也蛮有味道。如今的中国人，还有多少能亲眼见到自己的出生地的呢？——当然我指的不是医院，而是第一个家。

王丽莹

(建筑系，广东韶关花坪镇)

# 北方农庄与公社住宅

### 1．山脚下的老家

对于家的概念，一直没有与建筑联系起来。虽然到目前为止，我家已经历了三次变迁了。

第一个住房就是我儿时的家，也是我的老家。从建筑的角度分析，它位于山脚下一个小型村庄上。整座村庄只有10多户人家，几乎都是我们李姓人。这里交通很闭塞，要到达这里，只有一种方式，那就是步行。整条路都是原始的石子路。听爷爷讲，我们之所以搬到这个闭塞的山谷安家，是为了避难。爷爷年轻时家里比较富裕，爷爷的父亲是方圆几里内出名的地主，奶奶的父亲是另一个旗鼓相当的地主，两家联姻。“文化大革命”期间，两个家族都不复存在。“文革”结束后，爷爷就带着全家人搬到深山中过起了比较闭塞的生活。

它是一个比较典型的北方四合院，全家人都住在里面(图5-1)。大门朝东，以方便主屋采光；为了防止门前的山坡发生泥石流或洪灾，在山前的平地上垫高了地基，将房子建在高地上。内部构造方面，四个方向都有房间，面朝东的方向是主屋，从院落通向屋内有大约十级台阶，主屋两边是厢房，与主屋相对的方向也有两个较大的房间。走出家门，正前方是一个比较小的山包，左边有一条小河经过。雨季来临时，小河流量较大，平时村里人洗衣服、做饭等生活用水都取自

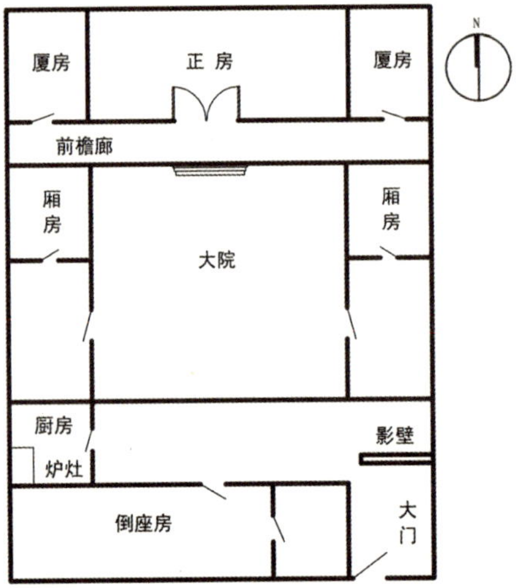


图5-1 老家平面图

这里。

住房后面就是我家的祖坟。小时候，我还很奇怪为什么坟地和住宅如此近，后来听家人说是卦象先生说的：在那里建祖坟不但可以避免家族的灾难，还可以财旺、福旺、人丁旺。对于经历过灾难的家族来说，这一点考虑很重要，因此我的祖爷爷就选了此地为祖坟。我家祖坟旁边好像还有一棵大树，据说这棵大树是权力的象征，预示着我们家族成员中会有大官产生，可以光宗耀祖。

从地理位置看，这里位于山谷中，地势相对较高，冬暖夏凉，接近水源，空气环境好，是一个比较适合居住的地方。但是，交通极为不便，是居住的一大制约因素，所以这里人烟稀少。

后来，也正是因为与外界交流不便，我们全家搬出了这里。

### 2. 公社里的童年

第二个住房是另一个乡镇的公社住房，在这里我度过了几乎全部的童年，它是我生长的地方(图5-2)。它位于镇的边缘区，原来属于公社所有，后来因为爷爷和舅舅出色的工作，政府将它批给了我家。据我了解，我家的院落在整个镇排名第一，不再是四合院形式，它已经演变成现代住房的形式，只有一个方向有房间，两边各有一小间房子分别作为厨房和储物间。因为爸爸极爱园艺，院中种满了花草和各种树。为解思乡之心，爸爸在院内种植了老家山上的松树，生长很旺盛。房子西边有一个简易的后院，从这里通向房子的后方。后院比较杂乱，印象最深刻的就是两棵高大的杨树和妈妈种植的各种蔬菜了。因为不在山区，所以水源靠自来水供应，不存在接近水源的区位了。在这里，我一直生活到15岁。之后，家附近新建了造纸厂和石子厂，环境开始遭到污染，空气能见度降低，严重的时候甚至会出现白色的雾气。同时这里距离市场比较远，地域偏僻，与家族其他亲属联系不便，鉴于环境和人际关系两种因素，爸爸决定再次搬家。

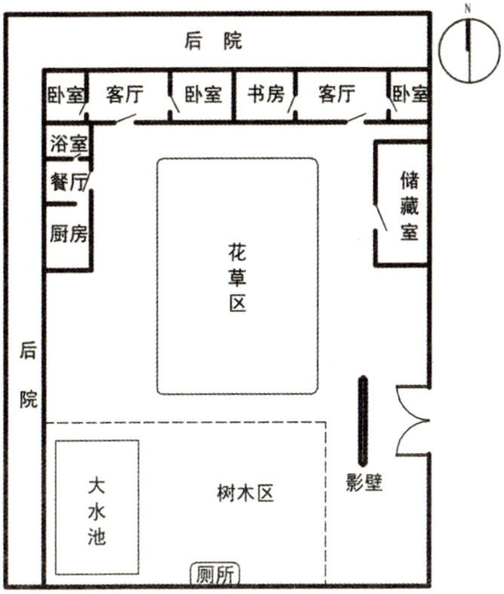

图5-2 公社住房平面

图5-3 现在的家平面图

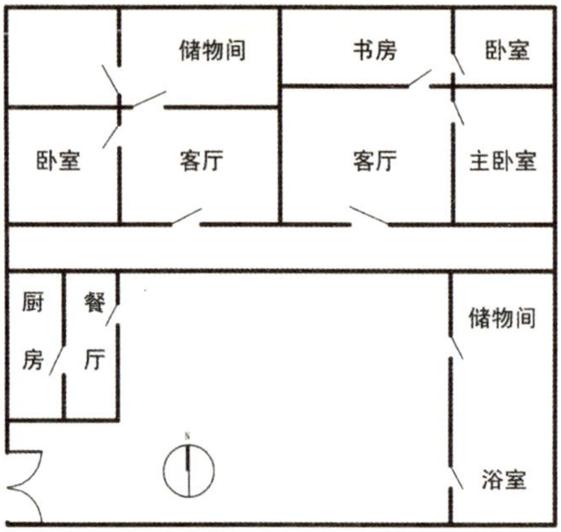


### 3. 现在的家

第三个住房就是我现在的家了。它的建筑形式和第二个家很相似，最大的区别是院落明显缩小了，同时内部空间增大了。从室内装修方面看，也发生了比较大的变化(图5-3)。它位于县城的中心地区，距离市场很近，交通也很方便。不过存在优点的同时，劣势也明显暴露出来：因为距离市场和公共道路近，噪声污染随之而来，屋内加厚了玻璃和窗帘，仍然阻挡不了噪声和飞扬的尘土。已经生活了近五年，爸爸渐渐习惯了这种生活，当然我们也没有足够的能力搬到一个远离现代污染的地方居住。爸爸依然在养植花草。我想如果我们还要搬家，那原因还应该是环境问题。

**编者的话：**家不算建筑吗？看似可笑的问题，但很多人包括在建筑系上了两三年课的李云同学，就是这么认为的。Architecture是一个多么高贵的词啊！普通人的家，往低了说只是个窝，往高里说也顶多是个房子，难登建筑的大雅之堂。

李云的三个家说明了一个永恒的定居选址原则：乱世求保命，盛世谋发展。世外桃源是一幅美丽的图画，可以想象，当真实施起来便会有这样那样的不爽。李家爷爷当初费尽心机才找到的而且进了坟墓也要守护着的一个平安之地，仅仅过了不到20年就被后代们放弃了。李家的后人，很快就用实际行动证明他们在遗传基因上的优秀：祖辈当年是大地主，儿孙现在是致富第一人。

李 云

(新闻系，河北邢台)

# 山城的教师之家

我家，共换过四个地方，其中两个是在同一幢楼里。

## 1. 同一幢楼里的两个住宅

第一次搬家时，我年仅四岁。依稀记得之前住的是楼房，共四层，我们家在第三层，两室两厅一厨一卫，一个阳台，户型很小，但比起后来住的房子，都要正规很多。父母都是学校的老师，所以这套住房是学校福利分房的结果。我四岁之后，父母调到别的学校，这套房子很快就有别人住进去了。平面不记得，所以画不了。记得幼时喜喝酒，最爱一句诗便是“葡萄美酒夜光杯”。当时阳台上养了许多天竺葵，夏天开了许多红红的花。我不喜欢它们的味道，揪了放在阳台上，父亲只是责备了几句。那个学校旁边似有一片梨树林，现在该被新建水电站的蓄水淹没了吧。

妈妈调到另外一个镇中学去了。中学里有一座长长的房子，走廊在中间，南边进深约八米，北边约四米(图6-1)。妈妈刚调过去的时候，就住在四米进深的北边小房子里，窗户有两层，外层是木窗，用于防盗，里层是玻璃窗，用于挡风。玻璃窗里面还有铁栅栏，刷的红漆早就掉了，轻轻一拨就掉下来许多锈，也是我小时爱玩的东西。窗外两米是石壁，高约五米，再上是土，长满大树和各种杂草。再上有一个教学楼，夯土墙，青瓦屋顶，仅四个教室。再往后是一座山，长满青松，松林里掩藏了许多不知何时留下的墓

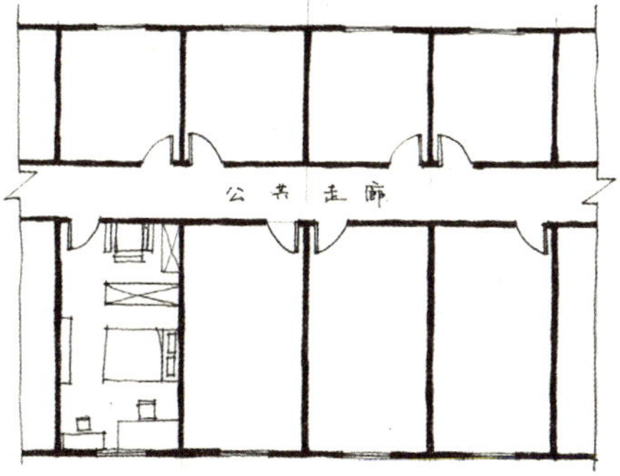


图6-1 另一个镇中学妈妈的住房平面

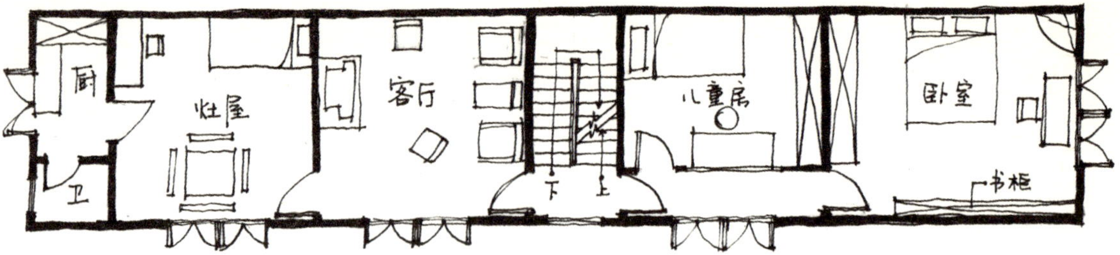


图6-2 现在的家平面

碑。那座山本无名，因其十分圆整，小学语文老师将其称之为馒头山，遂传开来。儿时常与伙伴相携山中嬉戏，每每回家逃不过一阵痛打。

房间隔为两间，靠门是厨房，里间放一张大床，靠窗放了妈妈的写字台。家具都上了红漆，仍是当年结婚时的模样。当时我不过五岁，开始学琴，琴便放在窗下。日日面对生满铁丝的栅栏，看到窗外的小孩玩耍，真有被关在笼子里的感觉。这窗外是一个小小的院子，水泥地面，南边长一排高大的梧桐树，夏天亦会落大朵大朵淡紫色的梧桐花，有淡淡的香气。再往南是教学楼，青砖，窗上沿做成拱券模样，在树荫下有深重的影。早上能听到中学生的晨读声，站在院子里有时能看到妈妈在教室里上课的情形，自己往往惴惴不安，生怕被发现。到他们的期末，为防学生作弊，会把课桌搬出来在院子里考试，这些场景，现在回去，应是再也不会见到了。

### 2．现在，独特的家

现在的家，是四户人合买的别人家盖的私房。四层楼，每家一层，我家在第三层。因当初建者是一家，房产证在一起，至今我家都没有自己的房产证。房子形制特别，长条形，从中间的楼梯上去，两边开门，都是自己家(图6-2)。上楼左手是睡房，右手是客厅及灶屋、厨房、卫生间。灶屋的意思基本等同于餐厅，是家乡的习惯叫法。四层上面是天台，做了沥青防水，然而夏天雨水多时仍有渗漏。天台上有女儿墙，是红砖砌成的花墙，一米左右高。上面养了几盆太阳花，还有芦荟三盆，仙人掌一盆，君子兰两盆。又有一株爬山虎从天台蔓延开来，到盛夏覆满西墙，微风过去，也有绿色微漾。住了许多年，一直抱怨户型不好，也无可奈何。大约当时买地的时候国土局只给一块一块长条的，导致前后整个街区的房子大都这般形制。更有甚者只有短边开窗，屋里几乎没有自然采光了。几栋房子不知怎么也围成了一个小院子，有两棵高高的梧桐树，另有无花果树两株，花椒树一株，杂花杂草若干，没有盖好的三间地基一块，水泥铺地一块，小伙伴若干。

**编者的话：**复杂的房屋产权问题！一定让管理者伤脑筋——当然也可以视而不见，等出了问题再说。这种房型，大概算是一种特殊的竹筒屋。国土局为啥会批出这样形状的地来？也许是出于一种“原始共产主义的理想”吧。就像福建的圆形土楼，每一间都一样，绝对平均，谁也不要有怨言。先贤曰：不患寡而患不均。房间功能倒是“动静区分”，很现代的理念。

谭舒丹
(建筑系，重庆)

# 崇明岛的农家生活

在我出生之后,我们家总共换了一处住房。这次更换住房大概发生在我上小学三年级时。

我来自上海崇明岛的一个农村家庭。崇明岛是中国的第三大岛，新中国建立后从江苏划归上海。但是，由于交通不便等原因，崇明发展极其缓慢。在我的印象中，崇明一直是上海最穷的地方。崇明岛是冲积形成的岛屿，故而土壤肥沃，非常适合农业的发展。而崇明岛在初期规划时为了农业灌溉的方便，遍挖水渠，自东向西每隔100米便能看到一条约3米宽的小河，自北向南每隔数百米则有10～20米宽不等的较大河流。这样的划分使崇明岛看上去十分规整。

## 1. 第一个房子：平房

先说说我小学三年级之前住的那个房子，尽管我对它的印象已经比较模糊了。既然是农村家庭，自然不会住那种比较正规的住宅，一般都是农村人自己一手设计出来，而真正施工的时候则拉些亲戚朋友就开始造了。我住的第一幢房子是我父母结婚的时候造的。上世纪80年代，建筑技术和经济条件都限制了住房的样式，这样的房子谈不上任何艺术性，但它是满足我父母结婚的一个先决条件(图7-1)。

图7-1 平房总平面图

房子坐北朝南，外形很朴实，从正立面一看就能明白是个3开间的平房，中间一间的功能基本上相当于现在住宅中餐厅、厨房、门厅、客厅等一系列房间的组合体，简而言之就是一个多功能房间。东侧的房间则是卧室，并带有一些比较私密的功能。西侧一间主要用于摆放农具，当然最重要的功能还是在收获季节堆放收获的作物。整个房子中，除了东侧的卧室大概20多平米有水泥块铺地外，其他区域就都是泥质地面，屋内屋外都是泥土，唯一能分出区别的就是屋内的泥土土质夯得更结实。

在这个房子里的感受还是很美好的，毕竟在那里我度过了童年时光。但是现在回想起来，小时候最遗憾的事情就是附近基本没有同龄的小孩，原因就是我们家第一个房子秉承“土地包围住宅”的原则，除了前后各有一家邻居外，周围都是水稻田。那里住房实在是太分散了。

在我的印象中，小时候基本上没见过两层或以上的房子，大家过得倒也挺开心。后来，大约在我开始上小学的时候，上海经济发展迅速，带动了崇明岛的经济发展，整个岛上兴起了建多层房子的热潮。那真的是红火的年代，几乎每家每户都在盘算着何时建和怎么建的问题。有点建筑经验的泥水匠和工匠，都异常忙碌，日程排得满满的。我父亲是一个木匠，经常忙到傍晚，得在造房子的主人家吃晚饭。每逢母亲上夜班，我就在放学后直接跑到父亲干活的那户人家，蹭晚饭——我也算是吃“百家饭”长大的。

### 2. 第二个房子：两层半

我上小学三年级那年，我们家也开始建造第二幢房子。当时农村普遍将原来的平房翻建成两层或三层的房子，我们家也准备紧跟潮流。但就在这时，我们村开始实行住宅集中化了，所以我们家放弃了在原来房子上翻建的想法，搬到了比较热闹的地方。从那以后，我就不再像过去那么孤单了(图7-2、图7-3)。

第一个房子是由我父母亲手设计，亲戚们合力建造的。第二个房子就不那么简单了，需要施工队来建造。当然我所说的施工队并不是很正规的那种。我父亲是一个木匠，属于我们村里的一个施工队。不过这个施工队的成员经常有变化，遇上有活了，谁有空就谁去。他们本身还可能有一些别的工作，造房子只是一个兼职。

自己设计加上兼职施工队建造，导致的结果就是这栋房子的建造过程几乎长达一年之久。农村造个房子很不容易，能省的时候就要省。父亲是个木匠，所以所有的木匠活都是我父亲自己亲手做的。为了节省砖头，尽可能地使用了老房子的材料。值得一提的是，这些材料相对于后来买的那些质量居然还更好一些，可见建筑材料的质量是越来越差了。这是题外话。

这次建的房子是一个两层半的房子。两层半就是说，在两层之上还有一个三层的阁楼，但这个三

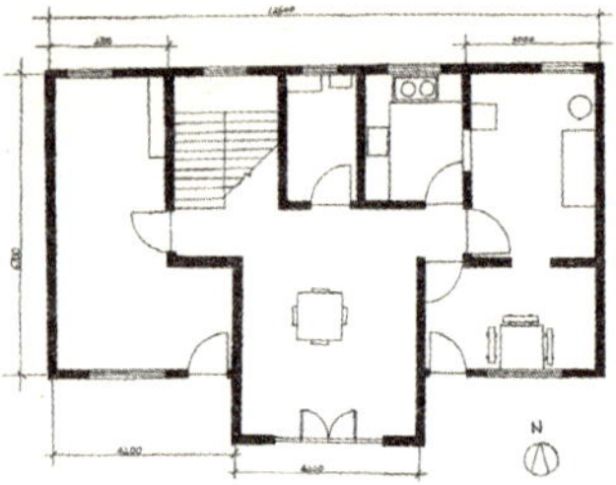

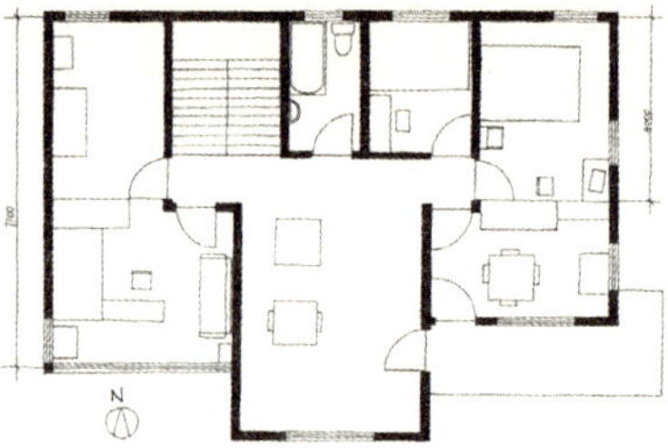

图7-2 一层平面图(左)
图7-3 二层平面图
图7-4 南立面图(右)

层只有大概2米高，人在里面仅仅可以直起身，伸手即可触到顶面。阁楼的功能主要是堆放一些平时不用的东西，另外，在夏天也可以起到隔热作用(图7-4)。

具体的房间布置就不说了，因为房间实在太多了。我们家一层有近100平米，而且父母在划分房间时划得太小了，造成的结果就是我们家房间很多，但大房间比较少。这是一个很大的不足之处。

在这个房子里我住了快10年。基本上我所有关于家的记忆都在这里，如果一定要说感受的话，我只能说难以用言语来表达了。而且更重要的是，它是我父母亲手设计并建造的，其意义非同寻常。毕竟，不是很多人有机会设计一幢房子并将其成功建造出来的。

**编者的话**：崇明岛的农耕社会，是不是和传说中的“井田制”有些相似？这样子形成的农村，和我们所熟知的农村大不一样。后者是聚居的，而前者是散居的——其结果，是造成陈云鹤从小就缺少玩伴，因为邻居都太远，尤其对小孩子而言。这里有没有社区，有没有社区活动？可惜，作者没交代。

中国的建筑师，有几个能真正按自己的设计来建造房子的？虽然我们的建设量那么大。农村里每年新增的大量住宅，却绝大部分是主人亲自设计，并且骈手胝足将其建造出来的。面对没有建筑师的建筑，建筑师想不想干点什么？

陈云鹤
(建筑系，上海崇明)

# 进城去

# 家在启东

“吃、穿、住、行”一向被人们认为是生命里最重要的四件事，其中“吃、穿、住”的大部分时间又都在自己家里完成，所以，住宅于我们有着不可分割的联系。

不同地方的住宅，反应了不同的民俗风情。所以我赶紧了解一下这个养育着我十几年的家乡：启东。

**江苏最年轻的县**

启东全境系长江口不同时期的河相、海相沉积平原。汉朝以前，这里还是江口海域；清代中叶前，长江口崇明北侧陆续涨出小沙洲，至清末连成一片。因成陆参差，因而曾分属三个县管辖。北部吕四地区，宋、元、明、清时属海门，1912～1942年间属南通县；中部原属海门县；南部原属崇明，称崇明外沙。1928年3月，北部、中部、南部三地合并分设启东县。因本县在江北大陆最东端，且沙洲还在向东接涨，乃有“启吾东疆”之意。1989年11月，启东撤县建市。

说起启东，很多人都不清楚在哪，其实就是隔着崇明岛和上海隔海相望的一个县级市。没有历史积淀，经济水平没上去，又仅仅是一个一般的平原地区，所以我们那的人难免会觉得住的地方没有什么特色，不够乡土也不够现代，甚至最近新建的一批建筑都正在堆砌着别的地方早已经历过的“欧陆风”。

**1. 我的第一个小家**

下面这个有点粗糙的图就是我最早在乡下住的房子，这还是当时所谓“分家”传统的产物。妈妈是经人介绍认识爸爸的，后来就顺理成章地嫁了过去。在村里合作社当负责人的爷爷奶奶一早就准备了两套房，分别给爸爸和叔叔留着娶媳妇用。

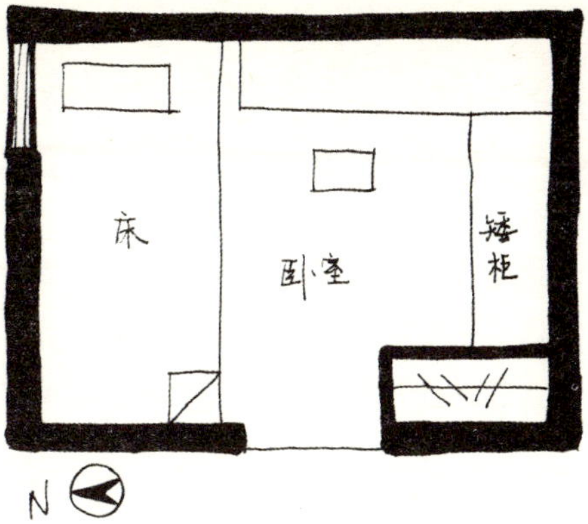


图1-1 乡下最早的住房平面

叔叔那间房是和爷爷奶奶家连着的，临着山间小路，不知道为什么我们家和他们却是分开的。这其实有两个猜想：一个是奶奶更疼叔叔而不是我爸，这个在后来的事情中有所证明；其次爸爸是长子所以住大房子，叔叔就和爷爷奶奶挤一套房，只是平时中间加了隔墙而已。总之，我们家是独门独户的，不过这样也许能稍微减少些婆媳间的矛盾吧。整体布局是：一个一层木结构房子前有一个水泥场地，用来进行日常活动、晒衣服、挖井等，再前面就是自家的农田。觉得这样归属感就很强，各家之间没有交错共用的空间，很独立。这是很简单的方式，和传统的南方居住形式很不一样，没有天井院子，也没有小桥流水，村里只有几条流动的小河，大家沿河住着，平时利用它洗衣、浇地。虽然大家住得不近，关系却非常好，农忙时一起帮忙、一起熬夜，农闲时一起乘凉、聊天、打牌，很是惬意。

正房在我印象中应该有七间房，有着简单的坡顶。内部布局也很简单。正门进去没有任何遮挡，正对着大厅兼餐厅，后面是炉灶。前后门对着，前后都是低矮的农田，所以夏天时常常可以将门打开，人睡在大厅里，穿堂风可以让屋内变得非常凉快；缺点是进深普遍比较大，冬天就有点痛苦。大厅旁边是卧室，相对私密，所以加设了一个门，平时多锁着。里面放着沙发、电视等家具。并排放着的两张床在最里面，供未分出去的儿女和自己住。不知道为什么我们家的床放得比较讲究，要先上几步台阶，到一个铺好地毯的地方，再上床。

除了床前是地毯铺面以外，印象中其他地方都是水泥铺地，墙面也没有什么装饰，比较简朴。不像传统的大院，大家抬头不见低头见，这里邻居间的寒暄要么是在河边洗东西时碰到，要么是一家开了前门，一家开了后门，大声聊着天。

家里的布局一直没怎么变过。

我上幼儿园之前的日子，几乎都是在这里过的。爸爸在外地工作，隔一个月左右回家一次；妈妈在市里工作，每天来回骑车二十几公里，或是乘车。我多是被寄放在我们后面的那户人家中，他们家有个比我大一年的女孩，我们常在一起玩，但也常常吵架。我出生没多久，家里从上海买了一台21英寸走私的彩色电视机，引来全村人的羡慕，那个时候我和这家女孩老为电费争执不下，在这家看了一小时电视后，马上飞奔到另一家换着继续看。他爸妈虽然表面上帮着我，现在想来估计还是会为我的不懂事而头疼吧。

农村里重男轻女思想很严重。很好玩的是，奶奶领养的是女儿，我爸爸还有我叔叔，生下的都是女儿。但由于堂妹最后生，虽然希望破灭，但爷爷奶奶对我和堂姐不喜欢的态度早就放在那了，所以爷爷奶奶对我们俩都很一般，只是很喜欢堂妹一家。

到我该上幼儿园的时候，爸爸妈妈觉得没有精力来照顾我，也不放心老是这样把我一个人放在家，更不放心给爷爷奶奶照顾，就把我送到了外公外婆家。于是就有了……

### 2. 第二个小家

外公外婆家(图1-2)是他们那儿最早盖楼房的一群人之一，外公做着小生意，外婆种着田，开着小卖部。在那里，我度过了幼儿园和小学一二年级共5年时光。小卖部那间是在临街转角处，应该是妈妈小时候住的地方，是一层坡顶小平房，进深很大，屋内有点黑。全屋分为三块，一块是柜台，一块做储藏，其他就是灶和大家吃饭的地方。对面是个厂，我也就有了很多年长的好朋友。外公外婆人缘非常好，平时总有很多人一起打牌或聊天。他们都很照顾我的感受，很少会提我爸妈，至少在我外公外婆在场的时候。我们住的是朝南的二层小楼房，和外公的妈妈对门。印象中底层是厨房和餐厅，二层是两间卧室，但我还是算不上有自己的房间，整天跟着外公外婆住，另外的那间卧室一直空着。房间陈设更简单，就

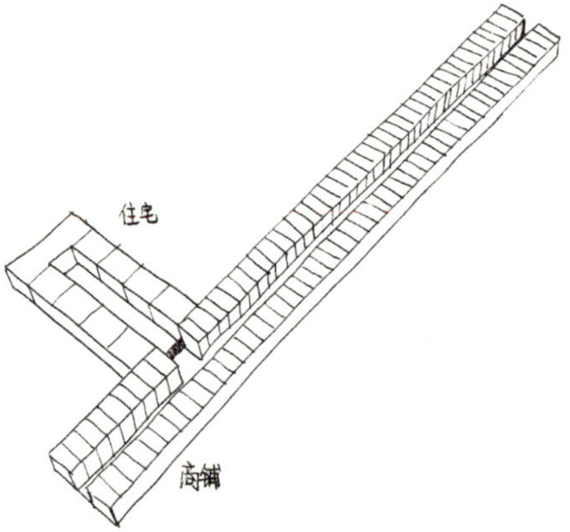

图1-2 外公外婆家的房子

是一张桌子，一张床，柜子加电视。我喜欢躺在床上假睡，然后眯着眼睛偷偷看电视。我也常常不懂事，和外公吵架，然后一个人躲在床脚哭，让外婆来安慰。

我们三个人每天的作息都非常有规律，早上同一时间外婆会站在院子里朝二楼喊我起来，5分钟洗漱，5分钟吃早饭，5分钟走到学校。多年后回到原地，突然发现印象中原来很宽很长的路其实连开车挤过去都有点艰难，石板路也不如印象中的那样有味道了。

### 3. 我的第三个小家

二年级的时候外婆突然遇车祸去世，妈妈不忍心再让外公照顾我，就把我接到了市里住。那个时候爸爸妈妈已经在一起工作了，我们住在市中心最繁荣的一条街上，离他们工作的地点比较近。

这里大家住的仍然是小平房，在一条全是商铺的很窄很热闹的商业街里面，有小门拦着，门里面其实有很多这样的人家，端点处由一户比较大的人家收尾。因为大家都住着小房子，又是一个相对封闭的场所，所以家家户户联系比较紧密，其实就是大街忽然拐进去的一条有尽头的小弄堂，住着10户以内的人家，房子沿着路的两边整齐排列，还是坡屋顶形式。

这里房价比较高，住的地方就格外小，屋里只有简单的陈设，两家共用一个厨房，促进了彼此交流，但也确实有不少不方便。

我还是没有自己的房间，几十平米的小房子里一家人挤在一起生活，比起乡下自己盖的房子来，小了很多很多。但由于那个时候我还很年幼，所以当时倒从来没觉得小，也不觉得不舒服。

平时有一大堆小伙伴们在长院里一起玩各种游戏，家长之间会相互攀比成绩、听话程度甚至身高、眼镜度数。但我们彼此间的关系丝毫未受影响，仍然没完没了地玩。

有个阿姨家是专门烤鸡肉串、臭豆腐的，爸妈不在家的时候我经常去他们家蹭饭，看到他们摆摊也会很兴奋地挤过去，阿姨就会免费给我吃好吃的。

### 4. 第四个小家

大概在我四五年级时，爸妈觉得家里的房子太小了，想去寻觅宽敞一点的

图1-3 爸爸厂搞的集资房平面

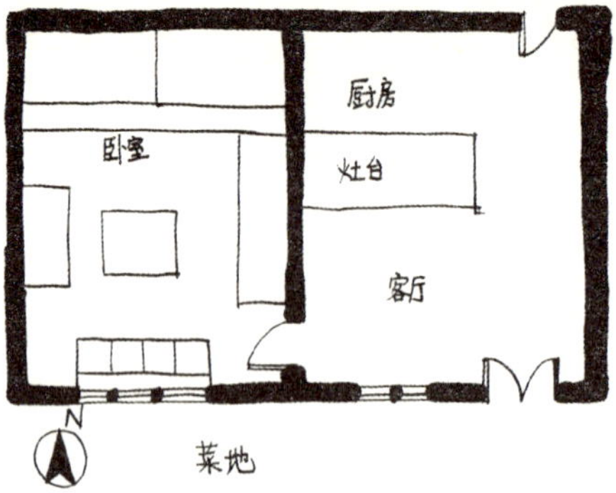


房子。挑了几个地方，其实就是考虑到底是要挨着大舅舅、小舅舅还是姨妈？正好我姨父任厂长的那个厂搞集资建房，我们就在那买了房，离爸妈工作的地远了点。这里由几幢6层楼房组成，和现在一般的住宅小区没什么区别了，只是家家户户都认识，关系更紧密。

我们家买的是第3层的房子(图1-3)，和姨妈家不同楼道，但只隔了一堵墙。装修时把墙敲掉了，于是两家就生活在一起了。由于墙上的门是我们家装的，所以可以从我们家那侧锁上，每次和表哥吵完架，我都会把门锁上，生怕他冲过来打我。

房子离工作的地方远，爸妈也就不回来吃饭了。早出晚归，我也心安理得拥有了自己更大的空间，享受姨父的好厨艺，这导致我后来对吃的很挑剔。高三那年，姨父每天专门去我们家帮着做饭。

这也是我第一次有了属于自己的小房间。其间还有一件好玩的事。有一天我妈不知为什么突然找了个风水先生去家里看房间布置。此人很严肃地说：“你女儿房间的布置不对，要南北互换一下，然后她再改个名字，将来升学一定顺利，不然很悬。”于是，某一天回家时，我房间南北mirror了一下，我的床被挪到了窗边，书桌和衣柜被放在了北边。这导致头冲着窗不太舒服，更麻烦的是家具都是订制的，比如原本床下的抽屉现在就靠墙，得把里面的东西都拿出来，而且格局一变，桌子和床之间的家具忽然有了空隙，衣柜的门也只有一扇可以开了。总之，是很窘的一个状态，还好没多久就搬家了。

### 5. 第五个小家

城市搞建设，建了很多新的住宅小区，不安于现状的爸妈又在市中心买了一套。和以前的变化是户型变大了，150平米，物业也好了。

附近有五星级酒店，有大超市，小区隐在停车场后面倒也安静。有一条沿河的散步道，被开发商作为卖点的，但直到去年才实现。我和爸妈享受这些周围的景观。

客厅、爸妈卧室、我的卧室全都朝南。爸妈的房间还带一个阳台。厨房、卫生间、棋牌室等朝北。有一个小卫生间和储物间被迫做了黑房间。住还是挺舒适的。我的房间内有大衣柜、书柜、双人床、沙发、电脑桌、体重计等。

可能小地方和大城市还是不太一样。住进去没多久，整个楼道的人几乎都混熟了，有空没空就一起吃饭或者打牌，逢年过节相互送礼。假期我去学车，还碰到了同一个小区的人。

但可能是我高中才住进去的原因，学习很紧张，比较忽略生活，大学假期回去又都赖在床上，所以对这个家虽然满意，一直住到现在，感情却不是这么深。

### 6. 第六个小家

这是半年前突然听说的，我们家和舅舅家都买了套别墅。舅舅很得意自己的选择，几次想让我去看看，却因为各种原因耽搁了。其实一开始好像是准备炒炒房的，但看到建出来那么好，就不舍得了。依前面所说，他们都很满意相互是邻居。房子位于市区的北端，还算是个挺好的地段，但肯定没有在市中心那么生活方便，平时我在上一个家出门多是步行就可以的。

不过他们不太满意开发商做的景观，又请人重新设计了一下。大家的生活水平和追求变得越来越丰富了。

同时，这几年乡下也是翻天覆地。原来的小平房几乎不见踪影。除了少数老人的住房还是一层的木房子外，其余几乎都已变成小楼了。印象最深的是以前住我们后面的那位姐姐的家：姐姐的爸爸因为在工地上摔断了腿，获得了十几万元赔偿，但他们一家人的第一反应是拿这笔钱去盖房。好像这是当时的风气。其实房子大了，自己收拾也麻烦，住的人就那么两三个，很不实用。不过大家还是争先恐后地，要证明自己的生活水平变得很好了。家里的经济来源也由种田都变成了出去当建筑工人，或其他形式的打工，或者开一些小店。农田已没多少人认真耕种，房子则多是妇女在家带小孩用，楼下多用作棋牌室，消磨时光。

在市里面，我们最早住的小房子是第一批拆迁对象。2008年寒假回家时，它正处在准备拆迁阶段。根据装修质量，房主领取一笔钱，然后搬走。也看到了“钉子户”的情况：同意搬的马上把房子给敲掉，不同意搬的房子暂时留着，于是立面很是搞笑。几年前启东和上海之间确定要修建一条大桥，政府下达命令，大力建设“江风海韵北上海”，把人民路封锁，拆了很多老房子，市政府都迁到其他地方去了。取而代之的是很多新的价格很高的住宅小区，建了很多年，现在还在持续，让我每次回家都有惊喜。很多高层拔地而起，有了各种所谓的风格，但多是欧陆风，还有各种别墅。

总的来说，住宅在城市里的趋向是大同化，住得越来越舒适，面积越来越大。大家谨慎地选择一套房，却又总能发现并且鼓励自己努力得到更好的。大学毕业后，我的住宅记忆将跟着继续走下去。和以前不同的时代，选择不同于家乡的城市，肯定会有不同的故事和经历发生。

**编者的话：**崇明岛北面原来还有个启东县！作者为家乡做的宣传普及工作很是到位。当然，更让人钦佩的是她细致的叙述能力：换一次家，文字里透出的气味也在悄然发生变化。第四个家里的那次“风水事件”，非常有趣。风水的支持者们又找到“证据”了，因为钱晓庆同学后来果然考上了大学，而且是名牌。我很想知道，那位风水大师后来是否曾返回钱家，来邀功请赏？

钱晓庆

(建筑系，江苏启东)

# 江南的农宅和城市住宅

回忆自己的住宅史，就等于回忆自己经历过的所有生活了。

这里我想要提的，有6处房子。

### 1. 乡野村屋

我的前两处房子都在农村。小时候因为爸爸妈妈请不起保姆，就把我送到乡下，住在奶奶家，奶奶家的农家小院就成为我最早的家。之后每年假期，我都会在那住上几周。小院是1980年代造的，两层的一字形小楼朝南(确切地说是八分南二分东)，每层三间，楼下厨房、堂前、储存，楼上卧室。房前围着一个院子，院前有两间朝北的小屋：柴房朝院内开门，猪圈兼厕所的门则开在院门外。两间屋子的屋顶作为晒台(图2-1、图2-2)。

这间小院，我最爱的是她的户外空间。整座院子坐落在接近山顶处，背靠一个高坎，被一条小的水流环绕。屋前空地上有柿子树、茭白，院子里种了葡萄、杨梅、石榴、丝瓜、茶花，屋后有一片竹林。所以住在奶奶家的日子，我很少呆在屋子里，跟着表哥摘果子、摸螃蟹，冬天则在晒台上玩雪，其乐融融。

除了大量的户外活动，开敞的院子还带来很多邻里间的交流。我印象最

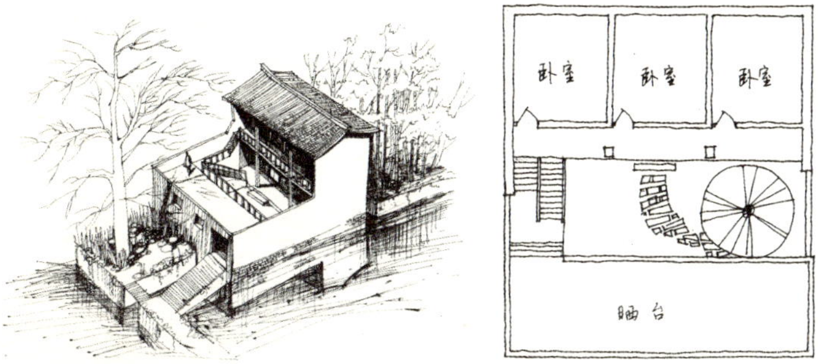

图2-1　奶奶家的小院(轴测和平面)

图2-2　姐姐家的外观(右)

图2-3　爷爷家的老房子

深的场景就是邻居站在坎上，奶奶站在晒台上，隔着一米距离相互聊天。邻里之间我送你家点茭白，你给我家送点茄子，也是常有的事。家对于乡亲，是不设防的。

另外一处则是爷爷三兄弟分家前的老房子，我也常常去玩(图2-3)。那是标准的三间两厢二层楼、窄天井的南方三合院，我特别喜欢吱呀作响的木地板，喜欢从一个楼梯上楼，再绕一个圈从另一个房间下楼。可惜随着三兄弟一户户自起新房，老房子开始破败坍塌。去年暑期我做王路老师的乡土民居作业时，请了村里的木匠去老房子给我讲解，那时的老房子已经有一翼完全不能使用了。

### 2. 城市住宅

家里经济宽裕一些后，我回到县城跟爸爸妈妈一起住，经历了三处住宅。

第一处有30平米，一间餐厅兼客厅，一间带小阳台的卧室，一间书房兼储藏间，厕所是公用的，各家把煤气灶放在走廊里做饭(图2-4)。在那个房子里，一到吃饭时间，走廊里就热闹无比，锅碗瓢盆的响声、家长里短的交谈、饭菜的香味，成为我深刻的记忆。

上小学的时候，妈妈单位分房，我们家搬进了四层的住宅楼，一梯两户，分到了一套76平米三室一厅的套房，在那里住了11年(图2-5)。虽然是套房，因为住户都是一个单位的同事，邻里关系也并没有因此变得冷漠。大人们会一同上下班、互相帮忙带小孩，孩子们也互相串门玩耍，到楼前的花园嬉戏。当时

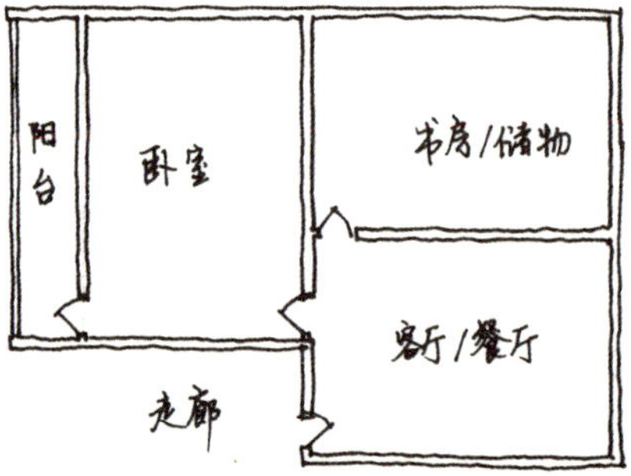


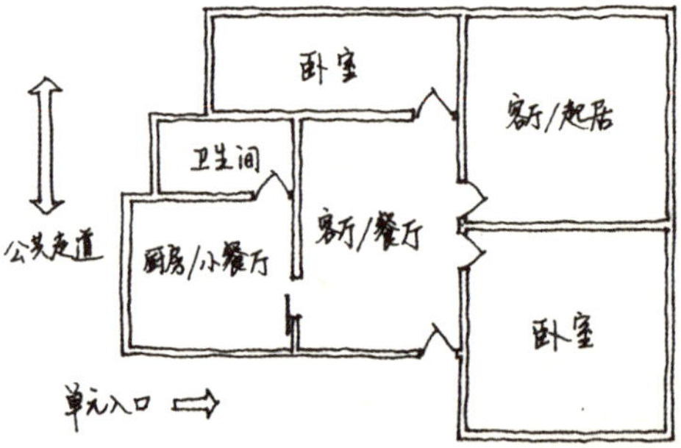


图2-4　县城里的第一处住宅平面
图2-5　妈妈单位分的房(平面)

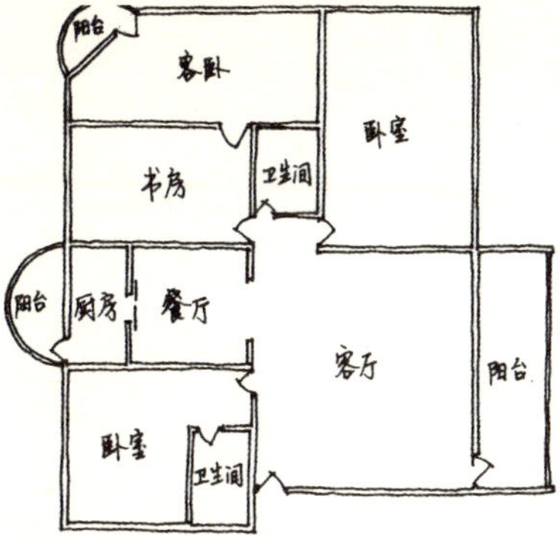

图2-6 新家平面
图2-7 新家外观

我家在一楼，厨房跟我的卧室开窗都朝着走道，邻居进进出出看到我家有人都会过来跟做饭的妈妈或看书的我隔着窗子聊几句，邻里感情也很不错。另外，比起楼上的住户，一层有一个小院，种满了花草。夏天浇着花，跟楼上阳台的人说笑，也成为我的一段记忆。可以说我呆在家乡记事、成长最主要的时光都是在这个家里度过的，印象也最深。直到高中、大学住校的时候，我还不时梦到在那个家里的日子，心生怀念。

到了高二，我家搬进了更大的新家，在市中心的高楼顶层，116平米，三室一厅一书房，还附带一个屋顶花园(图2-6、图2-7)。家虽然大了，但是我在家的日子却远远比在学校的日子少，邻里也互不相识，对新家，多少有些陌生的感觉。这样的住宅，带来了行为的两极化。家庭内部更加封闭，生活娱乐都是关上门在家里进行。以前的家也许只有76甚至30平米，但我们生活的，其实是在一个大的社区；而现在，则真真只有那116平米了。另外，与外界相关的行为则扩大分散到更广泛的区域，购物、娱乐、交往，不再限于单元或小区，而是在城市的各个角落。

**编者的话：**潘曦小时候在农村撒野的经历很有趣。相比之下，在城里的那几套住房就显得有些乏味。在城里，房子是越来越大了，功能也越来越完善了，但是可供回忆的东西也似乎变少了。

作者对于现代人“行为两极化”的总结，很有洞察力。

潘曦
(建筑系，浙江绍兴)

# 南南对话——从河南到海南

我的老家在河南南部的山地，从小到大搬了多次家，住过各种房子，从平地到半山腰，再到平地，见证了中国经济的发展。后来由于母亲工作变动的原因，我远赴海南求学，也有机会体验海南风情。现将自己的住宅变迁陈述如下，是对住宅的回忆，更是对过去生活的回忆。

## 1. 当我还在娘胎时

当我还在娘胎里的时候，爸妈的工作也刚起步，没有多少钱买房，于是我们全家2.5口都住在父亲单位的单身宿舍，曾经极为常见的筒子楼。根据母亲后来对我断断续续的描述，平面图大概如图所示(图3-1)。我们只有一间房，卧室兼厨房。父亲的许多同事跟他一样，被迫携带家眷住在这里。墙挨墙，门靠门，一家做饭一楼香，一家吵架一楼帮。虽然公共空间大肆侵占私人空间，给生活带来不便，但也正因为如此，大家彼此熟悉，感情深厚。每当母亲谈起这段生活，嘴角总会不自觉地上扬。而现在，那种零距离的集体生活一去不复返了。

## 2. 三个人的老房子

在我出生前后，父亲调离了原来的单位，我们不能继续在筒子楼里住了。恰逢外公外婆盖了一座新房子，他们就把原来的老房子留给了母亲，于是我们开始了三个人的老房子生活。

图3-1 爸爸单位单身宿舍平面图

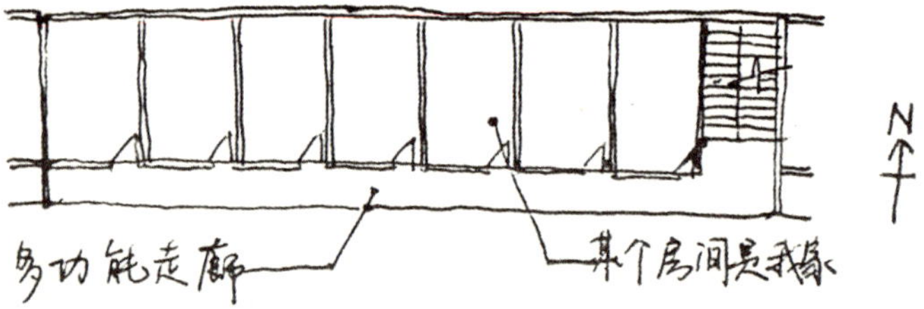


这座房子大约是1960年左右建造的，位于当时靠近县城中心的一个居住区，称为“刘巷(hàng)”(图3-2)。但当时这里似乎并没有很多姓刘的人，

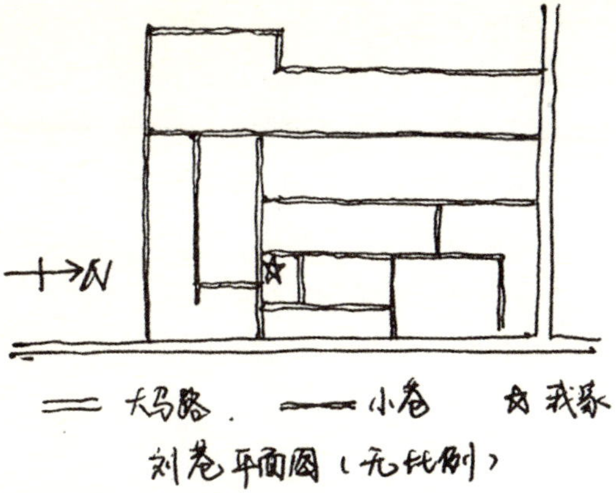


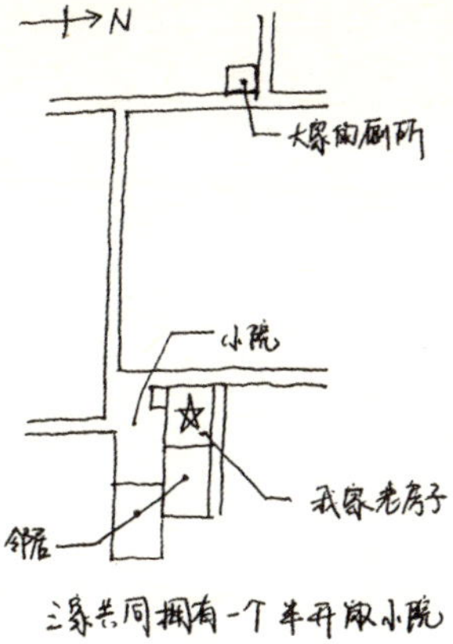


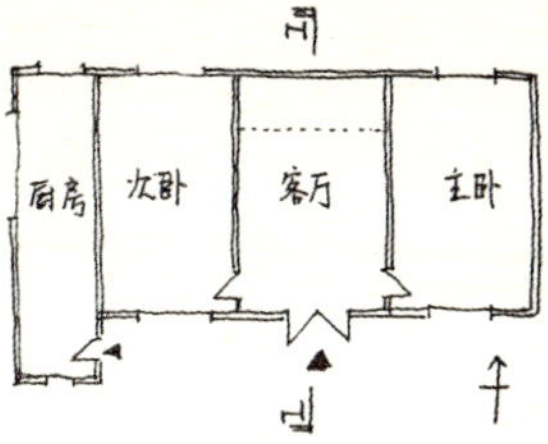

图3-2 刘巷老宅位置图(左)
图3-3 刘巷老宅的半开敞小院(中)
图3-4 刘巷老宅平面图(右上)
图3-5 阁楼剖面

所以不知“刘巷”之名从何而来。从大马路到我们家，得穿过大约3分钟路程的小巷。小巷周围都是一些低矮的单层砖房，而且都是自家房子正面对着别家房子的背面，所以小巷一般都很宁静阴暗。后来，巷子里有人盖起了二三层的小楼房，巷子更加阴暗了。由于距离太近，房子采光普遍不好。

我们家没有院子，而是与其他两家形成了一个半围合的院子，这成了小孩玩耍和主妇唠嗑的场所(图3-3)。

这个房子是双坡屋顶木梁木柱的砖房，只有四间屋子——客厅、主卧、次卧以及一个小厨房(图3-4)。房子里还有一个架在梁上用木板搭建的阁楼，放置一些杂物(图3-5)。这里最大的缺憾是自家没有厕所，大家都得去巷口的公共厕所。我至今还记得，小时候我早晨醒来，发现母亲不见了，大门从外边锁着。于是我一边哭，一边从门和门槛之间的缝里爬出去，坐在门墩上等。过了一会儿，母亲的身影才从巷口出现。那个时候，我特别希望自己家有一个厕所。

总体来说，老房子比筒子楼面积大多了，我们有了更多的居住空间和活动空间。由于共用一个院子，我们跟邻居也有挺多接触，彼此感情很好。但安全性似乎不能保证，我家也被偷过一次。现在的世道，木门、铁丝网窗终究不结实。

几年后我们搬了家，把这座房子留给了母亲的表弟。前两年，他们把老房子拆了，新盖了一座三层的小楼房。当然，此乃后话。

### 3. 终于买房子了

父母辛勤工作勤俭节约，终于在我小学二年级时买了第一座房子。这座房子位于城南的回民区内，因为处在一个山岗上，俗称“南岗”。南岗里有一条大马路通往清真寺，其他民居围绕马路和清真寺，建得很不规则(图3-6)。由于地段比较偏僻，所以每家都有一个大院子。夏天，吃完晚饭屋里还很闷热，于是大家都出来在院子里乘凉。刚开始是在自家，后来往往聚集在一家，热热闹闹谈天、下棋，其乐融融。大院子成为邻里交流最理想的场所，它有围合感，同时具有开放性，是整座房子中最有可能跟外人分享的场所。

房前是一个约7米×15米的大院，房后有一个小厕所和一小片菜园，再往后便是山，山上有麦田有坟场。房子坐西朝东，面朝院子采光，房间里有些阴冷(图3-7)。房子仍然是双坡屋顶木梁砖房，仍然只有四间房——客厅、主卧、侧卧和厨房，但比老房子大许多，每间房都是20平米左右(图3-8)。房子的顶棚用废弃的胶卷编织，当时似乎很流行，但我发现它除了堆积灰尘和供老鼠跳舞外，没用。前院爬了葡萄和丝瓜藤，种了一棵樱桃树和一棵紫薇树，后院的菜地里种了白菜、葱、辣椒，周围种了一圈香椿树。那时候，家里吃的很多菜都是自己种的，很幸福。也就是在那时，我们家有了多余的空间，养了一条狗，一只猫，两个兔子，一只松鼠，两只荷兰猪，当时的我真是太幸福了！后山是我最爱的去处，放风筝，挖野菜，给兔子薅草，从长满齐腰高小麦的山坡上呼啸而下……

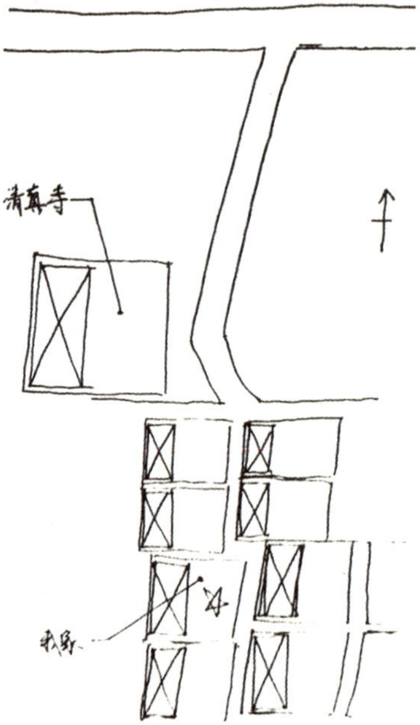

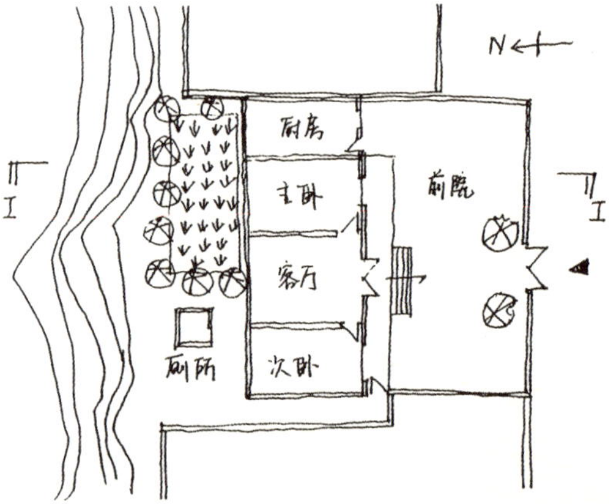


图3-6 南岗住宅总图
图3-7 住宅剖面(右上)
图3-8 住宅平面(右下)

这段生活让我明白，舒适的住宅应该处在人和人、人和自然能亲密接触的环境中。这样的生活才是最自然、最正常的生活，这样的住宅才是最舒适的住宅。

图3-9 新房子位置图

**4．住楼房了**

虽然南岗上的房子又宽敞又清静，但由于距离父母单位和我的学校都很远，母亲考虑再三，终于决定盖房子了。在我们这个小县，自己找施工队盖房子很普遍，只要符合街道有关层高、层数及外立面的规定就可以了。

新房子离县城中心比较近，面对着一条大街(图3-9)。这条大街两旁都是二三层的民居建筑，用规整的小巷相连。大家门对门，墙挨墙，彼此熟悉并以礼相待，但感情并不深厚，平时没有事情大家也都不来往。这些民居都是比较常见的小县城建筑风格：独家独院，外墙贴白瓷砖，平屋顶，屋顶外有贴琉璃瓦的披檐。很多人都在院子里养狗，以看家护院。

新房子面积并不大，每层只有四个小房间，但共有三层(由于是临街建筑，按规定必须盖三层)，所以也足够我们三口之家潇洒居住。一层隔成两部分，临街的那部分租给了一个美容院，每年也能收一些money，而后面那部分则是我们自家使用，这种前店后居的模式自古以来屡试不爽。这个新房子的平面设计据说是我的父母一起琢磨出来的，存在许多不合理因素(图3-10)。一层只有厨房和餐厅，经过一个黑暗的、白天也必须开灯的楼梯间，就可以到达二层。二层为居住空间，进门是客厅，北面是我的卧室，南面是父母的卧室。客

图3-10 新房子平面图

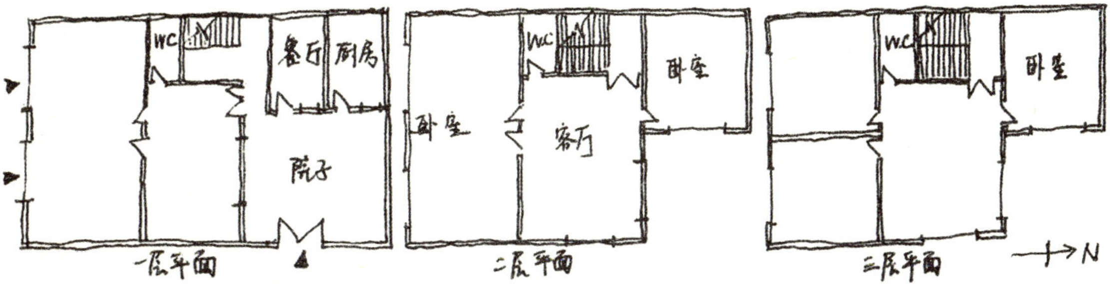

图3-11 板楼示意图

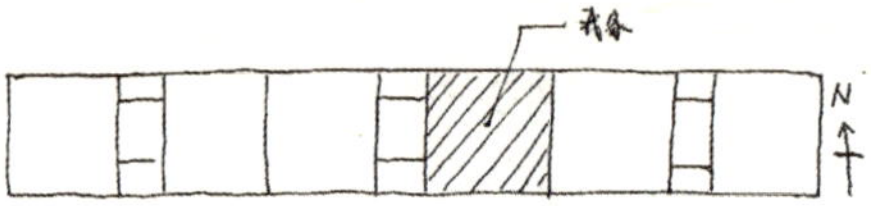


厅由于对面邻居家的阻挡，很少有直射阳光，所以比较阴凉，没人气。我的卧室朝东开窗，直接导致了我在夏天无法睡懒觉，深刻体会到“太阳都照到屁股上”是多么痛苦。而且由于只有一面开窗，通风不好。父母的房间则是南面两个小房间合并的，作为卧室过于宽敞和明亮，以至于有一面窗的窗帘从来没有打开过。这里也是我们家人聚会的主要场所。三楼房间一个放乒乓球桌，一个客卧，其他堆放杂物。

住楼房应该是经济水平提高的表现，但住得高了，出门的可能性就变小了，与人交往和亲近自然的机会也更少了。现在只是在二层，当我们都住在高楼大厦中，当我们都习惯了站在窗前俯视地上的人群，习惯了偶尔通过两扇窗或一堵墙来猜测别人的生活，“远亲不如近邻”恐怕只能成为一个古老的传说。

由于母亲的工作的调动，我高中时转到海口一中。母亲为了照顾我同时兼顾工作，共搬了两次家。

### 5. 板 楼?

其实我也不知是否就是板楼，大家的房子一字排开，很像一个板。

房子的平面很简单(图3-11)，小区内缺少绿化，这在海南是很少见的，也没有公共的活动区域，小区里的老太太们坐在大门口聊天。邻居只有在楼梯上可以碰面，关上门各家有自己的小世界，彼此连视线的交流都没有。

我家的平面也很简单，坐南朝北，南面有露天阳台，起遮阳作用(图3-12)。

图3-12 板楼住宅平面(左)
图3-13 塔楼示意
图3-14 塔楼住宅单元平面(右)

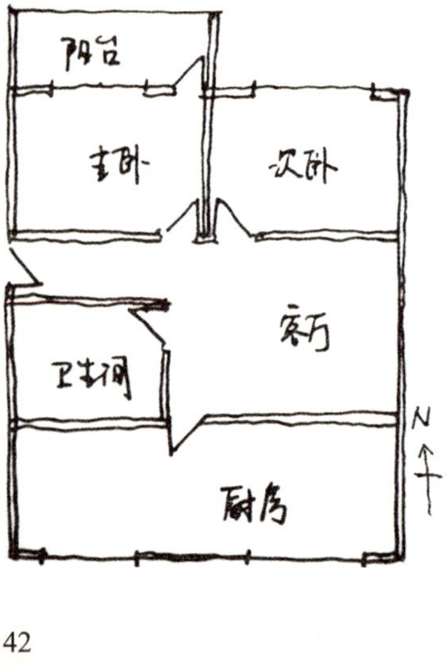


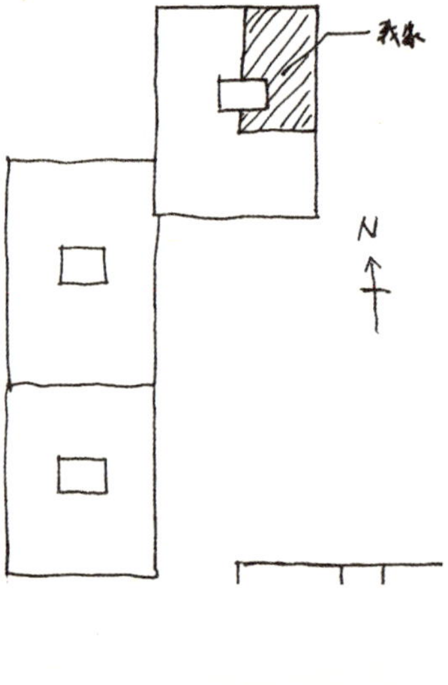


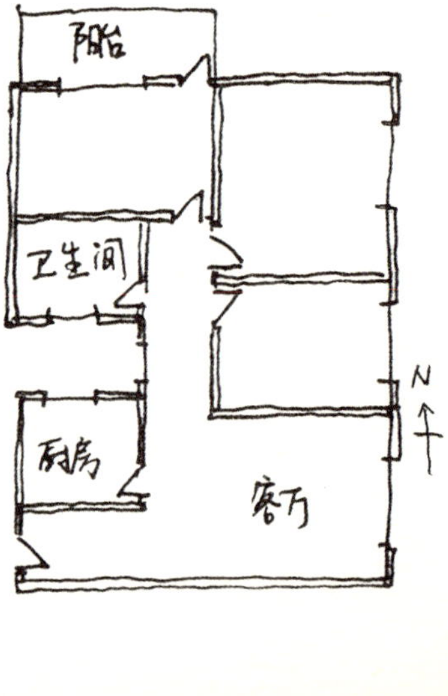

南北开窗，形成对流。虽然海南的夏天很热，但只要打开窗户，海风就呼呼地在屋里晃荡，给你带来一阵舒爽。于是我深刻体会到在海南，无论建房还是买房，最需要考虑的应该是通风。

住在板楼，体会比较深的还是刮台风的时候。由于板楼的受风面积比较大，整体稳定性不太好。每当刮台风时，我在五楼都能感受到轻微的晃动，不知是错觉还是其实就这样。但无论怎样，对于像海南这种气候特征比较明显的地方，设计师要尤其慎重考虑气候对建筑的影响。

### 6. 塔楼?

同上，我也不太确定是否是塔楼，因为没有把四周的邻居都串一个遍，以了解房子的平面(图3-13)。几家围在一起，中间有一个(或数个)天井，用以通风，由此可见，在海南通风对于建筑的重要性。这个小区对比前一个小区，最大的优点就是楼下有许多绿化，种有各种繁茂的植物。这个绿化区成为我们饭后休息的好去处。

我家大致是一个长方形(图3-14)，由南到北依次是：厨房、客厅、卧室、阳台，用一个小走廊串联起来。由于南面的墙紧挨着邻居，南北向不能形成良好的对流，而东西向则只能依靠狭小的天井，所以整个房子的通风不如前面的板楼好，光线也比较昏暗。

住在这里，最大的乐趣就是趴在窗户上向下看树，向上看天，感觉心旷神怡，神清气爽，由此也再次深刻体会到，优美的自然环境是判断住宅品质好坏的重要影响因素。

掐指一算，我在房子里住了已有二十余年。二十年来，换了数次房子，搬了数次家。房子成为我记忆的载体，每当我回忆起过去的生活，无论是发生在哪个房子里，内心都有同样的温暖和眷恋。或者可以这么说：房子本身是没有意义的，有了人在其中的生活，房子才有了意义，才能称为“家”。

**编者的话：**张雨辰的住宅变迁堪称最丰富——从河南某县城的筒子楼，到自建小楼，到郊区回民区的小院，再回到县城中心，最后远赴海南。编者最初对这篇文章应该归入哪一章，也颇为踌躇。按教科书的说法，县城应该算是城市了。但我作为一个曾经长期在县城生活过的人，深知小县城和人们普遍认为的“城市”其实尚有相当距离。考虑到张雨辰的小学阶段大部分是在“偏僻”的县城郊区度过的，而高中又举家迁到海南的省会，所以把她的文章放入本章。

张雨辰

(建筑系，河南西峡•海南海口)

# 浏阳河畔的大屋和小楼

回顾我短短20年的住宅变迁，总共住过五套房子，每套房子都有自己的特点，代表了我的某段生活，值得怀念。

**1．自己动手，丰衣足食**

1987年，我出生于湖南浏阳——浏阳河畔的一个美丽小城。迎接我出生的便是爸爸妈妈新盖好的小楼房(图4-1)，每层约80平米，有两层。说起这栋小楼房，还真是挺骄傲的。当时爸爸妈妈刚结婚，住在农村的爷爷家，可是爸爸家里兄弟姐妹多，好不容易腾出一间房做了新房来结婚。但不久妈妈就怀了我，作为大哥的爸爸想着自己的弟弟也快要结婚了，到时候家里的房子肯定不够住，于是一咬牙，就在老房子旁边的空地上，亲手一砖一瓦盖起了这栋小楼房。记得听妈妈说起，盖新房总共花了不到一千元人民币。当时镇上的住房都

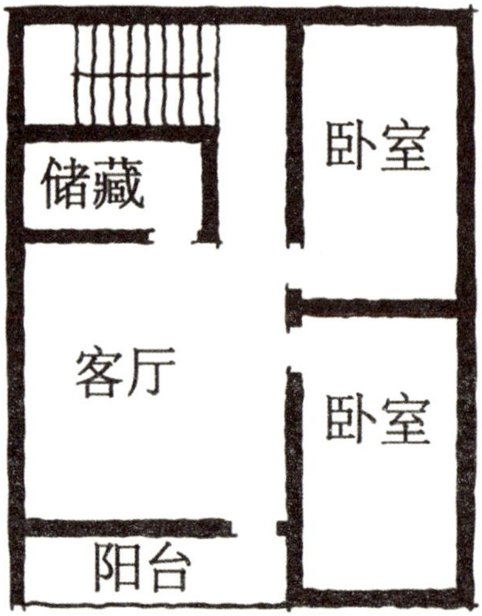


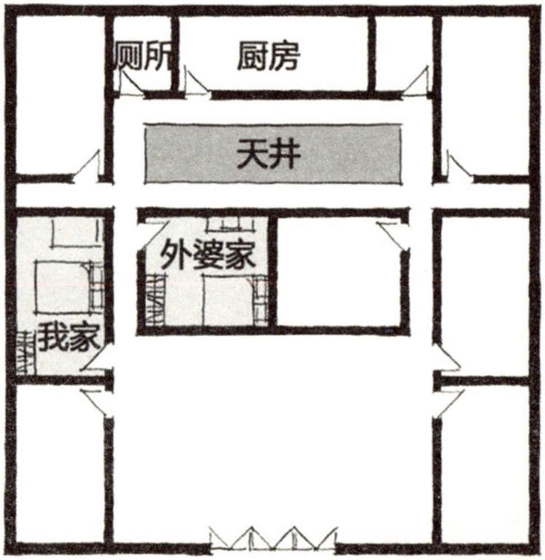


图4-1　出生时的小楼房平面(左)
图4-2　外婆家的房子平面

是平房，我们家的新房是镇上第一栋楼房，自然引起了不小轰动。

现在这栋楼房还在，我的叔叔住着。我们过年回家就住在这房子里，非常舒适干净。但是只要在客厅里蹦一蹦，就能明显感到楼板的震动，小时候觉得好玩，经常在客厅里乱蹦，还经常因此挨骂。后来我才发现，原来这楼房外表看起来是砖混结构，但楼板下都是用木梁支撑的。现在，人们盖楼房都用混凝土梁而不用木梁了。可能这也说明新式楼房兴起之初，传统结构技术在其中的作用吧。

### 2. 和睦的大家庭

到我两岁时，爸爸妈妈的工作从农村转到了城里，于是住到了城里的外婆家。其实我最初的记忆都是从这里开始的。外婆家住浏阳河边上，当时河水又清又浅，每天清晨都会有妇女们到河边洗衣服。到了傍晚，妈妈会带我到河边散步，水面波光粼粼，反射着金色的夕阳，给我的童年也染上了一层温暖。

河边上都是清末的老房子，革命成功后，政府没收了地主的房子分给老百姓。因此，一般都是一个房子里住四五户人家。同在一个屋檐下，感情自然也就亲如一家了，每个房子都是以原来地主的姓来命名的，比如“黎家大屋”，“谢家大屋”……

大屋里住着四户人家，按人口多少，每家分到的屋子数量也相应不同，有的人家只有一间，有的有三间。我家就住在房子中的灰色部分(图4-2)。进入大门，首先进到一个大厅，这个大厅的功能相当于现在的客厅，大家在大厅里出出进进，互相寒暄，交流十分频繁。或许正是这个大厅的存在，才有了邻里间的相亲相爱吧！卧室太小，一般容不下多人活动，于是大厅就承担了相当重要的功能，比如吃饭、打牌等。记得每到逢年过节，各家各户的亲戚都回来吃团年饭，整个大厅里人声鼎沸，显得格外喜庆。但由于大厅进深比较大，采光全靠屋顶上几个瓦片大小的天窗，所以比较阴暗，尤其到了下雨天就更压抑了。相比之下，我更喜欢厨房前的小天井，妈妈做饭的时候，我常常站在小小的天井中，明亮的蓝天，厨房中飘来的诱人香气，都让我感到幸福。

另一件印象深刻的事情就是每到下雨天，我家房顶就漏水。外婆那间房会好点，于是每到下雨，我便跟外婆睡，第二天回到卧室就会发现房间里到处摆着盆子和桶，五颜六色特别好看。不由得想起现在很多住顶楼的人都为房子漏水的事情烦恼，殊不知当年住在老房子里，漏水并不妨碍我们的生活，反而成为了孩子眼中的乐趣。

### 3. 办公室里的快乐

再过两年，我四岁上学前班那年，老房子要拆了，于是我们搬到了爸爸学校的办公室里。办公室总面积不到20平方米，但也不觉得挤(图4-3)，小反而有小的好处，用妈妈的话来说，就是小房子容易打扫。隔壁也住着一家三口，有个女孩和我同班，我们每天一起上学，一起坐在家门口看篮球赛。晚上和单位里的小朋友一块做游戏，特别好玩。我就是从那时起，真正体会到和小朋友们一块玩耍的乐趣。

回想住在办公室里的那段时间，能想起的都是快乐。或许因为住在学校的缘故，感觉周围的一切都那么有活力。其实作为一个家，内部环境固然重要，但周围的环境也深深影响着我们的生活。这里说的环境，不仅指自然景色，更是说我们周围的人文环境以及人与人之间的关系，这正是我们现在的商品房所缺失的那部分东西。

### 4. 住房的智慧

后来，爸爸单位给他分了套房子，60多平方米(图4-4)。这套房子我们住得最久，我的小学、初中、高中都是在这套房子中度过的。麻雀虽小，五脏俱全，我们终于有了自己的卫生间和厨房了。于是，我们家终于告别了食堂时

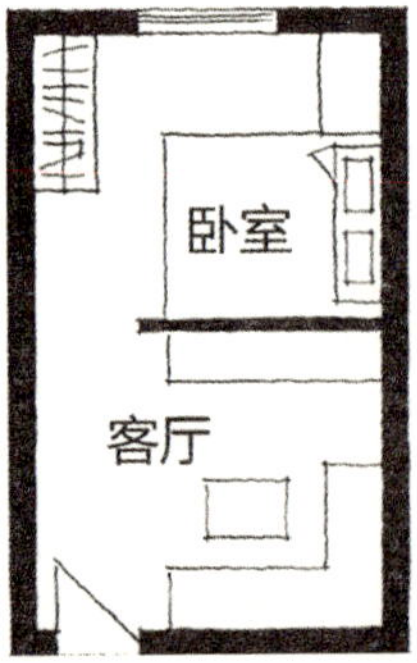


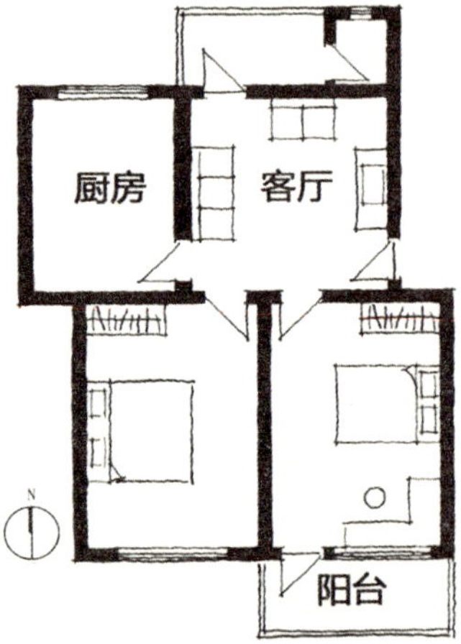


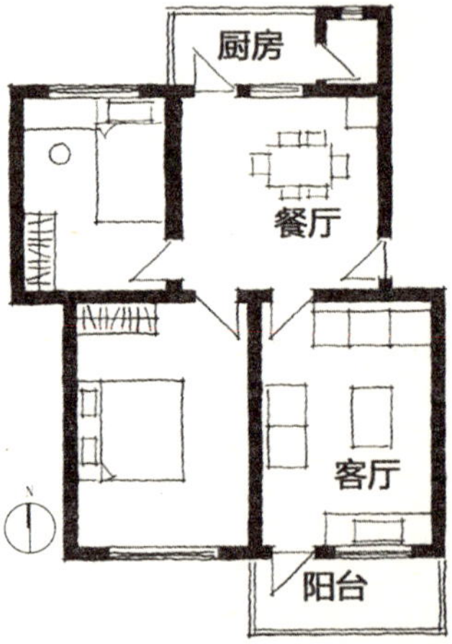


图4-3　爸爸办公室改的住宅平面(左)
图4-4　爸爸单位分的房子平面
图4-5　调整后的平面(右)

代，自己做饭吃了！一个家的归属感，很大程度上体现在一起吃晚饭。难怪政府用“灶”来计量户数。

吃饭是个大问题，绝不能马虎对待。可是原来的房子布局不太合理，厨房和卧室非常大，客厅却很小，看电视都不够视距，更别提有空间吃饭了。于是我们只能挤在厨房吃饭。后来，爱动脑筋的妈妈想了个办法，把客厅背面的阳台改为厨房，把厨房改为卧室，再把原来的卧室改成客厅，这样，原来的客厅就成了餐厅了。这样一改，原来两室一厅的房子变成了两室两厅，不但有舒适的餐厅用餐，客厅也变得更宽敞舒适了(图4-5)。

住房对于居民来说是一辈子的事情，有时候，设计师画的一条线就能改变人们的日常生活。住房布局不合理，是一种很大的资源浪费。记得设计课上周燕珉老师说过：“设计师要从业主的角度去考虑，为他们利用好每0.1平方米的面积。”设计建筑，就是在设计生活。作为好的建筑师，一定要从使用者的角度去思考，以他们的生活为出发点，为人们营造更好的居住环境。

### 5. 新的生活

随着经济的发展，生活水平越来越高，我们慢慢开始觉得房子面积小，装修旧，于是爸爸妈妈开始谋划买新房子了。妈妈比较崇尚田园生活，一直憧憬着到郊区山里去买块地，和几个朋友合伙盖房子；大家住在一起可以弄个农家乐，一方面有些收入，更重要的是周围自然环境好，住着舒服；平时又有个伴，等孩子们出去工作了，他们就可以彻底告老还乡，享受生活了。爸爸则比较实在，觉得还是住在城里方便，毕竟他们现在的生活圈子在城里，虽然私家车可以解决交通问题，但山里各种基础设施和娱乐设施还是跟不上。

爸爸妈妈两种不同的观点可能代表着未来住房的两种发展趋势。我个人比较支持妈妈的观点。但现实还是现实，妈妈的设想虽然得到了朋友们的肯定，却没有几个决心付诸实践。最后几经周折，我家还是买了爸爸单位在浏阳集资盖的房子，位于18层顶层，复式结构，带屋顶花园，总面积240平方米。这样，一方面满足了爸爸的要求，一方面有个屋顶花园弥补妈妈不能返归田园的遗憾。新房子正在装修中，过年回家时妈妈带我去看过一次，顶楼的风景确实很美，一边能俯瞰静静流淌的浏阳河，一边能看到街道里的车水马龙。房间的平面记得不是很清楚，但记得妈妈的装修规划：下层居住，上层娱乐，设置客房、棋牌室和乒乓球室，非常期待暑假回家看到的新家!

我的住宅变迁史就是爸爸妈妈的奋斗史，他们多年努力，都是为了不断改善这个家庭的生活环境；我的住宅变迁史也是人们生活态度的转变史，可以看到，人们对住宅的要求不断提高，从最初的遮风避雨上升到了一种追求享受的层次，愿人们的生活能和住宅一样，越来越好。

**编者的话：**土地改革之后，全国有多少“地主大屋”被劳动人民继承和使用？此类建筑的命运，或许应该是个不错的建筑社会学问题。那套自己改造的住房，反映了普通百姓的智慧，值得如今“90平米以下住宅”的设计师们学习。

“我的住宅变迁史就是爸爸妈妈的奋斗史。”无数的爸爸妈妈，是伴随改革开放成长起来的整整一代人。他们才是开创者，我们只是得益人，或者顶多算是见证人。

易尔薇

（建筑系，湖南浏阳）

# 从淮北农村到北京城

从小到大，我经历了很多次住宅的变迁，仔细回想起来，确实有着不同的感觉。

### 1. 杂院生活

在初中之前，由于爸妈做生意的缘故，一直没有在家里的房子里住，而是在外面过着从一个地方搬到另一个地方的不安定生活。最初是住在一个大杂院里，当时的生活情形我已经记不清楚了，长大后我回去看过。关于它的情况，大多是听爸妈回忆的。所谓大杂院，就是很多户人家围着一个共用的大院子和一个大门，人们从大门进入院子，然后再进入各自的房间。院子里有公用的卫生间，洗衣做饭都在院子里，所以大家的接触机会很多，邻里关系也都很好。傍晚，大家在院子里聊天，很是热闹。虽然生活上有很多不便利，私密性也不够，但或许只有在这种环境中，原本陌生的人才能如此坦诚地相处。

### 2. 外婆家的童年

后来，由于爸妈很忙，就把我送到了外婆家，我在那里度过了自己的童年。外婆家位于淮北的一个小村子里，青砖红瓦的单层房子，很大很大的院子，应该有半个操场那么大。坐南朝北的四合院，西面只有一间房子。从正门进入，先是穿过一个走廊，左边是牛房，右边是羊房。白天这些牲畜都放到外面，只有晚上才回来。穿过走廊就是院子，弯弯曲曲的青砖小路通向主房。东侧是厨房和储物室。院子里种了六棵梧桐树，夏天院子里非常凉爽。院子里还养了鸡、鸭、兔子。这些东西，构成了我童年的美好回忆。现在回想起来，那种感觉有如世外桃源一般，每天日出而作，日落而息，生活基本自给自足，过着与世无争的生活。

### 3. 自己盖的房子

到了上学的年纪，我又回到了爸妈身边。为了我上学方便，我们住进了原本一直空置的房子，这也是我住得最久的一个地方。房子是自家盖的，两层小楼，平屋顶，一个小院子。其实整个建筑格局与外婆家差不多，也是四合院的形式，只是规模小了很多，而且东西两边都变成了隔墙，没了厢房。院子也小了很多，基本都是硬质铺地，主要功能就是用来停放家里的交通工具。唯一有趣味的只有一个6平米左右的小花园，里面种满了各种各样的花。院子里还有两棵很大的梧桐，夏天很凉爽，唯独知了的叫声太聒噪。秋天，地面被金黄色的落叶铺满，很漂亮，但满院子的落叶还是给清扫带来了很大难度。初中时，家里养了一只小狗，我还在院子一角圈出一块地养了两只兔子，所以小小的院子变得很有生气。院子虽然很小，却给我们的生活增添了很多乐趣。中秋节一家人在院子里边吃月饼边赏月，偶尔还会在院子里用炭炉吃烧烤。还有夏天的夜晚，一家人坐在院子里聊天，习习凉风吹过，很惬意。

### 4. 大学之后

我的下一个住宅应该是紫荆学生公寓，但是，感觉这里是一个一点生活气息都没有的地方，而且我的宿舍又是在阴面，白天感觉也很暗。所以我很少待在那里，平时大多在建馆或自习室，只是晚上睡觉时才回去。从心理上，我不承认它是一个住宅。

上了大学后，爸妈在一个新建小区里买了一套房子，因为生活比较方便，所以就搬了过去。这个新家其实我是没有怎么待过的，只是放假时会回去，所以也没有什么感情。家里通了煤气，煤球炉被彻底淘汰了，小区内有超市、菜市场、健身设施，平时基本步行就可以了。只是，这种现代的生活却总让心里有一种缺失感。有时一个人待在屋子里，周围静得恐怖，不自觉地会有一种想逃出去的冲动。

回顾自己的住宅变迁历史，发现一件很有趣的事情，居住空间越来越大了，可是院子却越来越小了，甚至最后彻底告别了院子。不可否认，生活是越来越便利了，土地利用率也越来越高了。可是，当我们被防盗门、防盗窗关进铁笼子时，是不是会怀念曾经茶余饭后的闲谈，怀念温暖阳光下的鸟语花香。我们与自然的接触越来越少，甚至仅有的阳台也要变成封闭式的。现在大力提倡的生态建筑、绿色建筑，也只是希望用尽量少的能源来提供尽可能舒适的小空间，其实还是将人从自然中隔离。脱离了自然又怎能提生态，谈绿色呢？生态不是太阳能板，而是鸟语花香。充分的与自然接触似乎又会丧失舒适度。但是，这种舒适度只是生理上的，而心理的舒适度却被忽略了。

**编者的话**：外婆的院子简直就是一个小型动物园！淮北农村原来也养羊，只是不知普及程度和普及范围有多大。作者的“宠物情结”，想必就是在外婆的院子里播下了种子吧。

对于大学时代的宿舍，恐怕要等到毕业一段时间之后，才会有真切体会。作者指出了当下绿色建筑的“软肋”：用尽一切技术手段，试图打造出一个独立于大自然的小自然，其实质仍是将人与自然隔离。这话值得绿色建筑设计师们思量。

赵蔓蔓
(建筑系，淮北•北京)

# 在小医院长大

## 1. 小学三年级前·小乡镇(1988～1996)

我出生在家里，因为爸爸工作的关系，我们家就住在医院里。

先说说乡镇的小医院，只不过是几排平房，前面办公后面居住，大概是按照门诊部、病房部、居住区的顺序。据说我小时候不哭不闹，极其听话，就是坐在爸爸门诊的窗台上看着爸爸给病人看病长大的。上学之后，放学的时候跑进医院大门，先经过门诊，也是先去看看爸爸在不在，然后再回家。

我们居住的一排平房有四户，每户不过二十几平米，朝南是居住，分成两间小屋。南侧有一排低矮的小房，与正房对应，是每家的厨房和储藏室，每间不超过10平米。房子都是砖砌，平顶木梁，门窗处使用水泥过梁。正房分前后两间，前面是客厅和卧室，后面是储藏和卧室。当时，我、姐姐和妈妈挤一张大床，爸爸睡后面的小床。可能是当时太小，从来也没觉得挤。

四户既是同事也是邻居，关系很融洽。小孩子们都一起玩，我和邻居家姐姐、弟弟相差不到一岁，姐姐和邻居家哥哥们比我们大四五岁，大家玩拔河的时候平均分配大孩和小孩。两排房子之间只有几步距离，妈妈洗衣、洗菜，我们小孩子在旁边玩，很热闹。邻居家弟弟跳皮筋没站稳坐在我妈妈的洗衣盆里，我们现在还津津乐道。夏天吃晚饭的时候最壮观，大家都搬出小桌摆在室外。妈妈和阿姨炒了菜，爸爸和叔叔会坐一起喝瓶啤酒。现在想起来，这里汇集了我所有关于童年的记忆：偷看手术、在护士办公室看很多小孩打针使劲儿哭的样子，去中药房拿一种可以在额头点红圆点的药，还有医院外面那片杏树林。

## 2. 初三前·小乡镇(1996～2001)

在我小学三年级的时候(1996)，因为妈妈的单位可以提供更宽敞一点的住房，我们搬家了。新家(旧房子，以前住的人搬到县城去了)是比较典型而传统的北方民居院落。不过，在我印象里它似乎非常大，因为有一个大的菜园。我想，这里头还可能有小时候的尺度感把东西都放大了的缘故。后来我长大长高，再回去看，发现它不过比普通院子稍大一些而已。

北房三间，中间是客厅，两边是卧室，比之前住的平房合理多了。厢房(北方农村称下房)为厨房和储藏室。我们还在储藏室隔出淋浴的一角，使用最简单的黑色橡胶吸热水袋。角落处为厕所。房子的结构与之前的平房一样。搬家前后的两处住房，距离不过2公里，采用了同样的当地建筑做法。

有菜园的生活就是不一样，很是惬意。父母只是工作之余打理菜园，因为北方的蔬菜本来就不需要花太多心思。黄瓜、韭菜、胡萝卜、豆角、茄子、丝瓜、白菜、西红柿，一年到头，我们很少上集市买菜。还有一棵石榴树，现在还在，每到夏天，收获颇丰。我们搬走之后，住在这里的住户还时不时给我们家捎些蔬菜瓜果过来。我从别人家抱回来一只小奶猫，它在院子里撒欢，跑来跑去，还抓老鼠吃。邻居家也有猫。两只小猫经常一起玩，但是有食物的时候肯定是我家小猫吃亏。

五年级，我开始了住校生活，每个月才回家一次。妈妈常说我这么小就离家，我不同意，说我每个月都回来哪儿叫离家。现在才明白，从那时候起我就是“离家”了，因为长时间住校使我跟家人相处的时间变得很少。我总觉得爸妈会一直年轻，某一天，霍然发现他们已经满脸皱纹的时候，就有一种感觉：时间以月为单位，比以天为单位流逝得更快。

### 3. 初三至今·县城(2002～2008)

在我初三升高中(2002)时，我们又搬到了县城。因为我一直在学校里，对买房子、装修这些事情都没有概念。爸妈的工作有调动，因为年纪大了，要为退休做准备。新家(这次是新房子)是普通的居民楼，依附在某单位办公楼后面，是半地下的储藏室加五楼的一套住房，砖混结构。这是个很舒服的户型，虽然没什么创意，但是实用，而且不浪费面积。三个卧室占据了南面，起居室朝北。餐厅一侧对外开窗(有西晒)，每处光线都好。用妈妈的话说，“终于有自己的地儿了。”常年住单位破破烂烂的房子，让时常招待客人的她觉得很没面子。

房子的通风很好，南北窗户和中间的门打开时对流很明显，夏天基本不用空调。虽然可以有自己的房间，但我还是习惯跟姐姐睡。这样爷爷也可以经常来住。

邻居们还算熟络。妈妈工作清闲了，经常去对门打麻将。我不在家，新的邻居和邻居家同龄孩子就都不认识。现在保持联系的还是在医院里长大的一帮孩子。我们体质都很好，不轻易感冒。有一种不知是否经得起推敲的说法，说这是因为我们在小时候就产生了很多细菌及病毒的抗体。

我家住宅的三个阶段，都跟爸妈的工作单位有关系。也许，这是大部分人住宅变迁史的特点。我家最早的住房，前些年是员工的单身宿舍，或者值夜班医生的休息室，现在不知是否还存在。以前的邻居，经过几次搬迁后也都住到单元楼里去了，不过聚起来还是有当年的气氛，我也从中知道了不少爸妈的浪漫史。第二处房子，现在回想起来才觉得很诗意——我居然还曾经有过如此田园的生活，说起来也引得同学们羡慕!

不过，不得不承认，现在的生活更方便，更舒适。爸妈也可以平和地从中年走进晚年。生活还是在不断进步。

**编者的话：**医院里长大的孩子都比较早有细菌和病毒的抗体？看似有道理啊，就不知医学界的研究者们做没做过这样的调查。释迦牟尼做太子时，出城门见人有生老病死之痛苦，乃决定舍弃王位，去寻求解脱人世间痛苦之道。医院里的孩子们，打小就目睹了生老病死，是不是也能更早悟得人生真谛？

张晨阳

(建筑系，河北武邑)

# 福安的乡下和县城

我最早的家位于福建沿海山区的一个乡镇，后来从乡镇搬到城市。住城市期间，我有时回乡下的老家住一段时间。我对于自己所住的地方都怀有比较深的感情。

## 1．乡镇住宅

首先说说在乡镇的家。从我1989年出生，一直住到1995年。现在回想起来，这处住宅确实很健康，很生态，同时也很乡土。这是一座普通的两层小住宅，青砖，灰瓦，坐北朝南，前门有一个带装饰的曲线型小屋顶，但大部分房间的屋顶都是平的。那时镇上几乎都是这种建筑，立面色调很统一。建筑面积约有120平米。前厅用作一个小型印刷厂，主要住房安排在后厅堂和二楼。二楼没有阳台。在后院有一个面积约60平米的菜园，经常可以吃到自己种的菜(当然现在不行了)。不过建筑的采光不理想，因为没有留出中庭采光井，导致房间里都比较昏暗。

住宅所处环境不错，临近便有一条小溪，周围树木很多。当时的社口(我住的乡镇)被称为茶叶之乡，经常可以看到一排住宅后面是大片大片的茶树。采茶时期，到处都摆放着正在晒干的茶叶。下暴雨时，因为附近便是河，又没有什么防水措施，我父母便担心得不得了，据他们说，我出生之前有一年，雨水特别多，以至于河水把我们那一片给淹没了。

## 2．福安的平板房

大约在1996年中期，我们家因为爸妈工作和我上学的原因，从乡镇社口迁到城市福安。在福安的住宅是一座典型的现代式平板房，原先有六层，后来加盖一层共七层，每层面积大约50平米。墙表面用的是灰色水泥砂浆抹面。比起原来的房子，居住条件好了很多。中间有一个大的采光天井，每层中央都是为了采光做的吹拔。顶层作为阳台，种有许多植物。爱好养鸽的父亲还在上面加建了一间鸽房。房子的北面是一座山，南面视野比较开阔，采光通风都比较好。唯一的遗憾便是住宅的后院被水泥封住了，不能像以前那样种植蔬菜。现代式的住宅也有冬冷夏热的缺点，夏季还需要空调，不如以前老式住宅的热环境那样舒适。周围的环境也变得喧嚣而缺乏绿化。总体感觉是舒适度上升了，自然度下降了。

### 3. 老家的旧式民居

还值得一说的是我的老家，一座清代保留下来的旧式民居。由于我老家是开发较迟的乡下，那里的生活暂时还保持着一种纯朴的方式。老家的那座民居，现在依然有人居住。它是典型的四合院式布局，有前后两个采光天井，很是宽敞，最多的时候曾经有近百号人住在这里。它的优点就如一般的旧式民居那样，冬暖夏凉，尺度比较宜人。在这样一座多人居住的住宅里居住，人与人的关系非常紧密。

在我老家那样的乡下，几乎每个人都能相互认识。也由于处在较原始的状态，这样的乡土建筑也保留较多，而且往往还有人居住。不过现在有很多这样的房子已成为危房了，人们并不适合继续逗留，搬迁是必须要做的。将来这些旧建筑的命运会怎样？我想，要是它们运气比较好，碰到有人将其划为保护区，那它们便能保留下来；要是没人来呼吁对古建的保护，那末它们将会和其他很多已消失的古民居一样，湮灭在现代化建设的大潮里，连同它和它的住民一起经历过的许多回忆。

**编者的话：**立面统一的乡镇住宅，是不是也统一在前厅做小型工厂呢？福建沿海地区的老百姓，脑筋一向大胆而且灵活，古时候就勇于开展海上贸易，改革开放后又热衷于设企业办工厂。社口居然还是一个茶叶之乡。这么多种产业汇聚的农村，会是什么样？

如果真的爱惜老家的清代民居，不妨利用假期去拍几张照片，画几张建筑测绘图。如果能采访一下老亲戚，写下一段历史记录，就更是善莫大焉！

王宇江

(建筑系，福建福安)

# 中小城市

# 家，生活的积累

我出生在1988年，从出生到上大学的20年间一共经历了三种住房形态和数种宿舍形态。

### 1. 出生地

对于这个房子，我已经没有印象了，因为我只在那里住了半年，就是出生后的半年。听父母说，当时我们住在父亲单位旁边的平房里，至于是什么样的平房我就不得而知了。但是我和这房子的两件趣事倒是常常听父母提起。其一，是我和妈妈与厕所。父母对于房子最大的印象就是没有厕所，非常不方便，每天要到很远的地方去上厕所。当时我刚刚出生，精力却很旺盛，对于睡眠没有很强烈的需求，没有妈妈抱着就睡不着的。妈妈为了上厕所，每次都要费尽心机把我哄睡着，结果每次都是刚刚把我放到床上没走两步，我就必然醒来哇哇大哭，妈妈还得跑回来，要等我熟睡了才能放心地出去上厕所。其二，是在我出生不久就下了一场冰雹，爸爸妈妈觉得平房的屋顶不够结实，怕我被掉下来的冰雹砸伤，于是就把我藏在了床底下……不过所幸最终还是一切平安。

### 2. 童年的回忆

这里是我生活了十年的地方。从半岁起我就搬到了新的房子。那是妈妈所在单位集资建的房，我们住在一个大的家属院里。家里的平面我还记得很清楚，有一个客厅，有自己的卫生间，有一个厨房、两个卧室一个书房。书房外还有一个室内阳台，是我非常喜欢的地方(图1-1)。我们住在五楼，视野非常好。家属院的后面是部队的驻扎地，春天是绿油油的麦田，入夏就变成黄灿灿，每天站在窗口就能看到麦浪一阵一阵，非常美丽的景象。远处还有大片的荷塘，夏天望去也别有风味。这片风景给我留下的不仅仅是视觉的享受，还留下了我年复一年的足迹。每年夏天，我都要和妈妈到麦田与荷塘里面散步，开心的、不开心的事情都在那里想过，吃过鲜嫩的麦粒，尝过荷塘里鲜藕的味道，也和妈妈一起到那里学着分辨不同的花草，很小的时候还曾把荷叶戴在头顶玩耍。遗憾的是，在我们搬走几年后部队就搬迁了，曾经寄托了我美好童年的麦田与荷塘都已经变成了繁华的商业区和街道，让我每次路过都倍感悲凉。关于这个房子还有一点，就是对于当时的我来说，那里距离我就读的小学很远。我从三年级开始尝试自己骑车上学，四年级基本上就是独立自主的好孩子了，因此每天就要早起，才能防止迟到。原本期待着到离家很近的初中上学之后就可以走路去学校，后来才发现小学毕业就要搬到距离初中很远的新家，我实在是郁闷得无法自拔了。

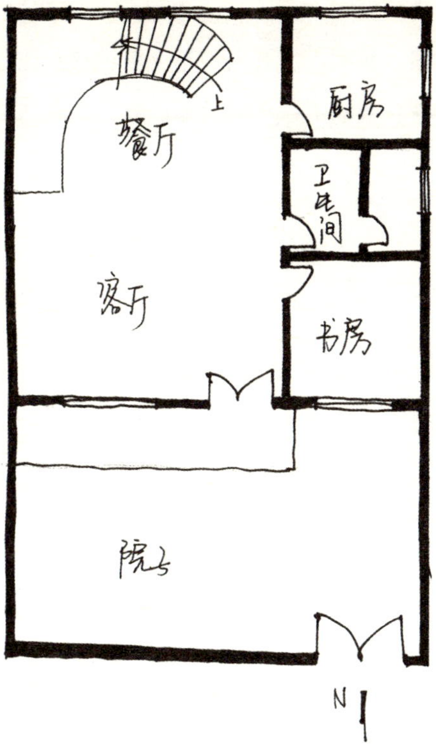


图1-1 妈妈单位的集资房平面

住在这个房子里我觉得很安心，面积适中，不大也不豪华，但是使用起来非常方便，而且充满了人情味。因为是家属院，很多孩子们都在一起玩耍，一起爬院子里的树，一起到麦田里摘花放风筝，童年的生活丰富而快乐。

写到这里，我已经陷入了无限伤感，那些快乐的岁月真是让人怀念。现代人的生活方式早就改变了，邻里关系也变得冷漠，孩子们的生活一定不会很快乐。我在那里度过了十年的童年。从这里搬走前，虽然早就知道要搬家，但那时候还没有意识到这个房子对我来说意味着什么，更多的是充满了对新房子的好奇。最后一天，我上学前被嘱咐晚上回家就直接去新家，出门前我仔细看了一眼这个房间，并没有意识到这就是“最后一眼”。当时房间已经空空，我说一句话甚至都能听到回声。多年以后，我和妈妈一起散步回到了从前住的院子，发现小时候觉得非常大的院子其实非常小，从前爬过的树也显得衰老了很多，我爬上了五楼，站在自己曾经住过的房子外面，妈妈鼓励我敲门进去看看现在的样子，我最终也没有鼓起勇气。还是让一切都停在回忆里吧。

### 3．亲人的牵挂

住进第三个房子的时候，我小学马上就要毕业。刚刚搬进新家的我，在这里度过了小学最轻松的暑假。我的新家隶属于一个小区，这里的每一栋房子都是双层独门独院。在这片土地还没有开发的时候，大概是小学二年级，我曾经到这里来玩过，印象中当时这里就是一片无人无房的空地，有几处正在进行地基建设，一副百业待兴的局面。没有想到十几年后，这片土地已身价倍增，并且再也看不到一点空地了。我妈妈把这个家经营得很好，院子里种满了各种各样的果树、花卉和蔬菜，不同的季节有不同的色彩和芳香，进了院门就可以看见满园春色。室内和院子的布局看图就能明白了(图1-2)。比原来的房子好的地方，就是层高比较高，面积稍大一点，还有就是在房子里面死命跺脚拍皮球也不会有楼下的邻居找上来。每天也不用爬楼梯，出了门就能赏赏花之类的。

初中三年，白天基本是在学校里度过，晚上回到家就只是休息了。记得初三时，每逢周末，我做题做累了，就会出门散步。那时候在我家南侧大概百米

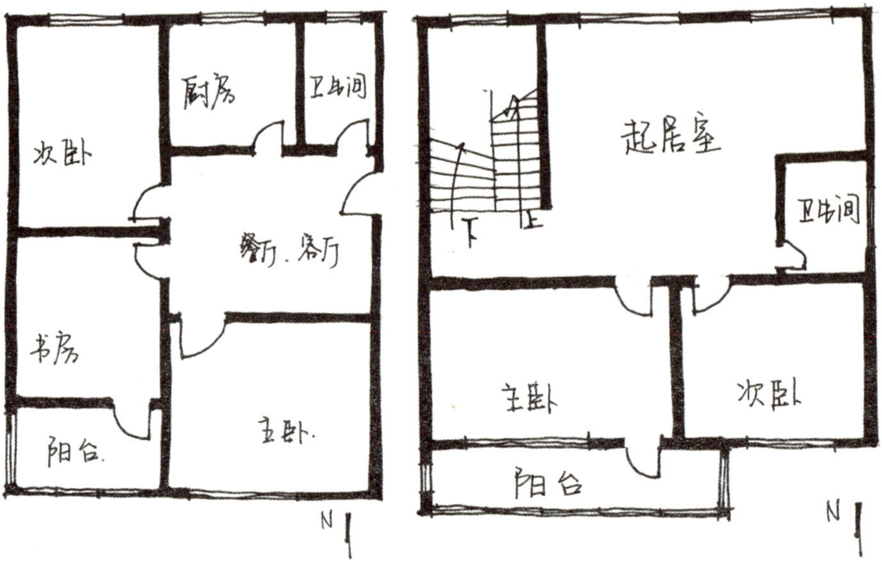


图1-2　第三个家的平面

的地方还有一块土地没有盖起房子，土地上长出白色花朵的荠菜和黄色花朵的蒲公英，我常常一个人坐在那里看看蝴蝶或是发发呆。现在想想这品位实在太小资了，但当时感觉其实很不错。不过很快这片土地也盖起了房屋，让我散步的乐趣少了一大亮点。

高中起我就住校了，接下来的时间就没怎么和我的房子亲密接触。所以总觉得自己对于这房子的感情，总是没有对原来的房子深厚。然而上了大学，才发现其实我只是对“家”无比怀念，而不是因为哪一所房子的好坏而厚此薄彼。童年的住所因为有童年无数的回忆而让人难忘，现在的家则因为有我的父母我的牵挂而让我不舍。小时候一直在父母身边，现在却用一根电话线连起两地的挂念。在这个家里，春天和父母一起在院子里散步看月亮，讨厌城市的霓虹让我们看不清楚北斗七星；秋天就一起享受收获的喜悦；放假时一家人围在电视机前对剧情发表看法互相辩论；或是围在一个桌上吃着自己包的饺子，觉得这就是人间美味；又或是到屋顶上看元宵节的烟火，看着巨大的球形烟花从自己头顶上绽开，然后似乎要把大家包围；春节大家一起打扫整座房子，为迎接新的一年写对联、写充满喜庆的话语，一起在除夕的爆竹声中睡去。对于家的感受，大抵就是如此吧。没有惊天动地的壮举，也没有大彻大悟的悲喜，不过是一些家长里短油盐酱醋，都是些看得见的平凡的小幸福，然而凑在一起，却让人在离别之时不得不泪流满面。

自从来到北京上大学，每年回到家乡，看到的都是拔地而起的楼盘和越来越多的购物广场。一代又一代在这里安家落户的人们选择了“水上家园”，或是“学府隔壁，状元府地”。家具城里也一直人流如织。人们的住宅和家具都日复一日千篇一律起来。这也未尝不是一件好事。长大后的我一次次在这个城市的大街小巷里穿过，才发现这座城市早已不是当年自己心中那个神秘而巨大的迷宫了。看着那些类似“好房不等人，卖完就绝版”的标语，我感受到，原来城市里的每个人都是在如此幽默的心情中迎来城市日新月异的变化。我的家乡，也在快乐中追逐着年轻的太阳。

我在学校的生活里，宿舍也经过了数次变迁。从刚上高中时的八人间换到了精致宽敞的四人间，从公用卫生间换到了每间房带独立卫生间，从上下铺换到了上铺睡觉下面书桌。高中时每到周末都可以回到家里，因此宿舍也就只是一个暂住的地方，成了几个舍友一起学习娱乐的场所，高中毕业的时候我们也在这里流着泪祝福着彼此。大学的宿舍对于我而言就是我在异乡的“家”，但是却无论如何都没有家的感觉，相反在宿舍最常做的事情就是想家。即使是专业教室，似乎都比宿舍更让我觉得亲切，因为我在这里和同学一起熬夜、一起订餐、一起边聊天边画图。即使身在宿舍，还是感到自己一直漂泊着，也许是我明白在这里住上几年就会搬走，又会有其他人住进来，所以总不在这里投入过多感情的原因吧。

总结20年来我经历过的住所，感觉在哪里生活积累的最多，对哪里就最有感情。

**编者的话：**万君哲的住宅变迁史不算复杂，但有几个地方给我留下深刻印象。其中又以这句话最有意味：小时候觉得非常大的院子，其实非常小。所谓院子，即是世界。对于个体的人而言，眼界多宽，世界就有多大。难怪社会学调查里经常有“活动半径”这么一项。能量大的人，活动半径达几千上万公里。能量小的，可能一辈子就围着自家那一亩三分地打转。旅行，也就有了非同寻常的意义。它既是人长大的原因，也是人长大的结果。

万君哲
(建筑系，河南商丘)

# 苏北小城之家

我家住江苏小城淮安，原名淮阴，历史上是漕运重镇，京杭运河淤塞之后在此由水路转为陆上运输。听起来挺神吧，其实俺出生的时候运河早就已经变成奇怪的绿色，还散发着怪怪的味道……而今天对于我来说，它基本也就是俺妈的出生地和她生俺的地方。周总理的故乡一般都写着江苏淮安，但那其实是我们的县城，从市区走到总理故居要坐好远一段路的车。现在为了捧红俺们的城市，市区由淮阴更名为淮安，而原来的县城淮安更名为楚州区——据说朱镕基总理来视察的时候说不喜欢这么改，不过改都改了也就没办法了。

老家(就是爷爷奶奶的家啦，谁让俺爸和俺妈不是一个地方的……)是江苏宿迁，在淮安北边120公里处，口音已经变成了山东腔调。项羽当年无颜相见的江东父老，便是宿迁人了，现在市中心还立着一个霸王举鼎的铜像。奶奶指着它对俺说，看起来像不像熬坏了一锅粥气得把锅掀了的蠢蛋?

宿迁市原来是淮安市的辖区，不过那是很久远的事情了。即使宿迁成为了独立的二级市，发展程度比起不大的淮安还是差了那么一点，所以俺爸妈选择了让俺在淮安居住读书。每当假期，便回到老家宿迁看望爷爷奶奶，对于俺来说其实就是下乡撒野。也就是说，算是同时有在城里和乡下居住的经历。

## 1.淮 安

(1) 1986至今

由于外公和爷爷在淮安杨庄船闸工作(没错，他俩算世交，好玩吧)，外婆也在那里的中学教书，于是最早是住在叫做“江苏淮安航道管理处大院”的地方。虽然运河船闸在县城，但是这个船闸所属的大院却在市区，里面曾经(现在有些人家搬走了，房子也出租了)主要是退休的老人们(图2-1)。这是个典型

图2-1 淮安航道管理处大院的住宅平面

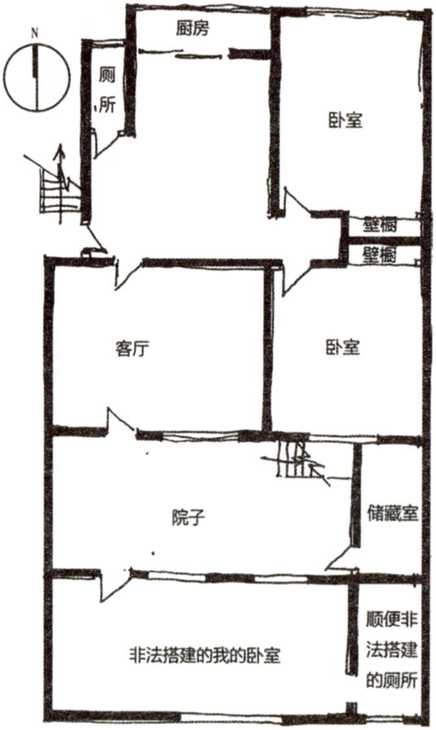


的温馨退休职工宿舍大院，只有四排楼房，每排楼房只有3层——现在后面的一所大专院校盖起了一座不算矮的教学楼，于是院子里的爷爷奶奶们就天天给政府写信，抗议阳光都被挡住了。

不过因为院子小绿化好，邻里都很熟悉，关系也很好，老人家们没事就聚在一起打麻将。后来搞精神文明建设，据说在家打麻将过于打扰邻里清静，于是大家就都去居委会办公室打麻将了……话说俺们家住在最后一排的一层，所以南向晒台没有院子直接对着一条小路，于是邻里商量了下，就统一非法加建了一排单层板房。

现在想来这古旧的三层小楼房虽然破破的，但质量还算不错——俺的姨娘曾经住在同期一个叫做北京新村的小区，那里每家都贴墙纸，因为那墙抠一抠就掉砂子，而且好几栋房子的阳台还掉了下来砸掉一串阳台。从小住在这里，至少从来没担心阳台往下掉。儿时痴迷《葫芦娃》，还在一楼种葫芦，让它一直长到三楼，然后让三楼的哥哥帮我摘下来，这真是美好的童年。

俺原来和妈妈爷爷奶奶住在这里，爸爸调来淮安工作后带俺一起搬到了妈妈的厂区宿舍住。舅舅也结婚了，他们一家和爷爷奶奶同住新房，这房子也就闲置了。爷爷生重病后奶奶执意要搬回这里，在爷爷过世后我们也一直住在这里。

原来的南卧室还是非常舒服的。即便在南边的教学大楼盖起来后，还是有一段时间阳光射进屋子里，非常惬意。在违章单层板房搭建起来后，我和妹妹常在上屋顶的楼梯和楼梯栏杆上爬上爬下，爷爷就在窗前悠闲地看报纸，时不时抬起眼镜看看我们，呵呵地笑一笑后接着看他的报纸。当然走楼梯的除了我们还有院子里各式各样的猫咪，毕竟猫也知道走楼梯比直接跳上墙要省劲多了。

话说回来，加建的一层板房不但没阳光，而且实在是冬冷夏热，原来爷爷在里面养蜗牛玩的时候发现怎么也养不活，于是就改让俺住在里面。妈妈心疼我，觉得楼顶铺层土大概会好些，于是爷爷非常高兴地把屋顶改成了一个小菜园。午饭有自家种的蔬菜，吃的代价，就是下雨时屋顶积水往里漏。下雨一多，俺的房间总是霉乎乎的。

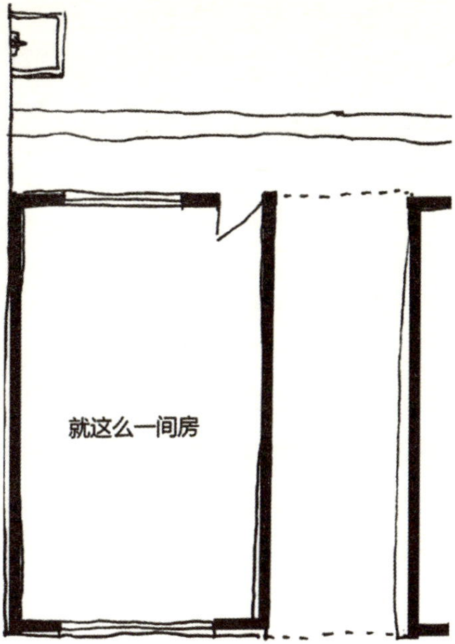


图2-2 妈妈厂区边租的房子平面

(2) 小学期间

爸爸调到淮安工作啦，于是准备搬到妈妈的厂区宿舍里住，不过似乎时间出了点问题：宿舍还没盖好。解决办法是在厂区旁边找了个有院子的人家，从他们那里租一间房子先住下(图2-2)。因为只有一间房子嘛，所以家具只有一张大床，一个能放14英寸黑白小电视机的高低橱，一个俺现在已经钻不进去的碗橱，一个硬邦邦的软沙发和一个小茶几，以及非常奢侈的一个书橱(房间里塞了它，下床时就容易一头撞上去)。小小的院子里有供两家洗漱和接水的水龙头。下午时阳光很好，会和那家上高中的大哥哥一起坐在门口台阶上写作业。至于厕所……当然是没有的。门外有一个大土坡，拉一块帘子遮一遮，大家就把屁股对着坡底下解决吧——这也就是一旦谁把足球踢到了那个坡底下就一定要自己去捡的缘故了。现在想来，这真的也算是城里么？从前的郊区，其实就是通了马路的农村嘛，不管是基础建设还是人们的生活习惯，不是那么快就可以改变的。

现在那里大概早已被拆掉了，那家的大哥哥也应该工作好久了。

(3) 轴承厂期间

妈妈在国企淮阴市清江区轴承厂工作。我们等啊等啊，终于等到厂区宿舍建好了。每单元四家的六层楼房，两室一厅，现在想来也不是太大，不过俺是第一次见到那么大的房子。俺有自己的卧室啦，觉得墙真是好白呀。家具还没有搬进房间的时候，我就在墙上乱涂乱画，妈妈说不可以。过了几天，家具都搬进房子里了，当妈妈看到墙面露在外面都是白的，而墙面靠家具里侧的一面被画得乱七八糟，她就对俺说，唉这墙还是随你画去吧……

话说回来，也许是小城市的缘故？虽然住进了楼房，邻里还是很熟悉，我们家住在三室，住一室的是一对爷爷奶奶，他们白天会出去卖酒酿，俺若是回家忘带钥匙，总会到他们家坐坐，奶奶总会拿酒酿给俺喝；两室有一个上初中的哥哥，俺记得他背政治书背得很猛；四室一家都胖乎乎的，吃饭的时候聊天震得俺家墙都晃。

我们那里不似现在新建的房子，阳台是不会拿铝合金窗封上的。现在想一下原因，大约是因为奇怪的供暖区域划分让我们这个冬天很冷的地方完全没有暖气的概念。大家都习惯了气候，外加冬天保持着室内外同样衣着的习惯，即便搬进楼房，也不太在意住宅保温的事情。这样楼房间形成的院子成了很有趣的空间——院子里的孩子们恣意玩耍，大人们锻炼身体，楼上的人们也开心地看着下面熙熙攘攘的场景；退休的工人们在院子里摆摊儿卖早点，需要一碗面条便直接在楼上喊一声；碰上叫卖的小贩经过，尤其是卖爆米花的或补锅的一类技艺独特的小贩，即使不下楼围观，院子里的孩子们也会趴在阳台上看得津津有味。

可惜关于那房子平面的记忆实在太模糊了。

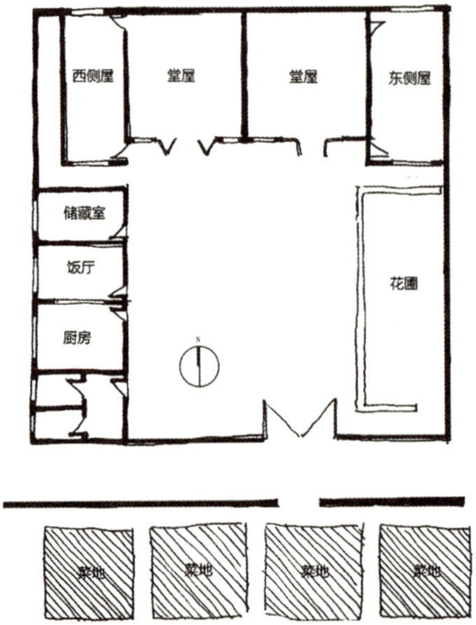


图2-3 宿迁老家平面

## 2. 宿 迁

其实老家一直是这个样子，两间堂屋(嗯，就是两间，虽说曾祖父一辈的灵位的确是只供在东侧那间，不过两间房其实没什么区别)，其中一个对着院门，各带着一间侧房。西屋原来是一溜单层瓦房，而院门旁边是养动物的小棚子，依次养过鸡，鸭，狗，海狸鼠……东边一条是个小花圃，还包括一个厕所。后来西屋改成了两层板房，院子的地面也从土地变成了水泥地。 花圃里的简易厕所(就是茅坑嘛)就去掉了，换成了西屋里比较卫生的洗手间。为了修上二楼的楼梯，养动物的小窝棚也撤掉了(图2-3)。

在更久远的记忆里，当院子还是土地的时候，有一口可以手动压水的水井。夏天时水很凉，冬天也不会结冰。后来通上地下水，那井便直接封在水泥地下面了。过年的时候，家里会在院子中砌很大个儿的泥巴灶，一生起火就烤硬了，整个正月里就可以一直使用那个大灶——随着水泥地的铺设，这个习惯也就消失了。

门前是一条小土路，对面是家里的菜园子，再往前就是一条小水沟，味道臭臭的。虽然菜园没有大到能供应家里的果蔬，不过还是让爷爷奶奶闲暇的时候多了些乐趣。

那里现在被拆掉了，爷爷奶奶也搬到了一个据说条件不错的花园小区。因为一直没有机会回去看看，到底是什么状况，也不得而知了。

**编者的话：**好一篇幽默的作文！张暄似乎从小就学会了苦中作乐。难道这就是传说中的90后文风？

漕运重镇、南北方交界地、项羽、苏地鲁音……家乡的历史地理交织重叠了太多的“趣味点”。而且，古运河的功能即使在现代也未泯灭。

统一非法加建的行为，不只张暄家及其邻居有，我家也曾经有过。我相信即使放到全国范围内，这种现象都应该相当普遍。仅仅是因为我们的人口多吗？有没有其他方面的问题？比如产权？

张 暄

(建筑系，江苏淮安、宿迁)

# 有爹娘的地方就是家

家住内蒙古大草原上一个不起眼的小城里，虽毗邻首府呼和浩特，却着实是个落后的地方。满城人口不过三十万，主要市区从东头走到西头也只要个把钟头。其实这小城距离北京也不过四五个小时车程，不算偏远；一道长城却似乎将塞外与首都牢牢隔断，使之多少有些闭塞。很多新事物，当外面的世界早已为之风生水起时，我们也不过刚嗅到山雨欲来的味道。

因而我的住房变迁史也就没有太多轰轰烈烈的变化。虽然在那个小城中也来回搬迁了数次，其实，都是换汤不换药。诸如大杂院、合租公寓、样板楼、经济适用房这样的特色居住形式从未体验过，父母亦没有为住房交过租金、付过月供。曾经拥有的只是一个安静的小城应有的简单温馨。

有爹娘的地方就是家。住宅因此显得有些无足轻重，除了乔迁时所有孩子都难免的欢喜雀跃之外，我对自家房子的变化倒没有太多感受。

### 1．爷爷家

我出生时父母结婚只一载有余。在各自普通的家庭背景下，爹娘也只是刚寻到可以维持生计的工作，因而一家人都暂住在爷爷家那套只有两间正房两间南房的小院中，虽也是无奈之举，我却得以在爹娘工作时得到奶奶的悉心照料。当时的生活，如今只能从娘的回忆中得知。有些艰辛，周围却总有很多叔伯兄姊的身影。至于我因淘气被一根麻绳拴在土炕一角的柜子上，又或将拿得动的家什频繁地偷偷扔进储水的大瓮、煮饭的灶台此类丑事，自然也成了过节时他们闲话家常的笑料。而我，在未记事的时光里自然无忧无虑。

### 2. 从平房到楼房

尚来不及体会多代同堂的快乐，我不到一岁那年，爹沾了当年国营单位经济实力雄厚的光，分到了一套二室一厅五十多平米的公寓。尽管对于那时只有几十块钱工资收入的爹娘交3000元得到这套房子有些困难，不过在亲友的帮助下倒也并未费太多周折，毕竟3000元也不过是两三年即可还清的数目。比之如今多数人打拼一辈子挣一套房出来的窘境，当时的他们只需要对政府单位的福利山呼万岁。一岁多时，正式迁入新居，我的生活从此从平房走向了楼房。

而这竟可算是我住房经历的最大转变。在以后的岁月里，除了偶尔去爷爷或姥爷家的平房小住的经历，我的居住环境中已经不再有这样的元素：屋内的火炕、灶台和冬日暖暖的被窝，屋外的小院，院内的果树及整个夏日的荫凉……庆幸的是，这幢属于父亲单位的住房，居住者都是与他年龄相仿的同事或领导。于是不久后，我就多了好多同龄的玩伴，十几个小孩在一幢共四层六个单元四十户左右人家的楼前大院内嬉戏打闹了将近十年的时光，美好的童年。只是如今却很难唤起清晰的记忆，深以为憾。

有幸在高考结束后，约得几个当年的玩伴，一同探访儿时居住的地方。然而那楼房早已显得惨败不堪，院内也再没有小孩嬉戏的身影。据说不少住户都已几经转手，以至人员纷杂，不相往来。楼后的化工厂早不知所踪，新建的住宅小区使这个老楼显得分外扎眼；街对面不远的一个机修厂也不知何时废弃了，如今远远看去，一片绿油油的杂草已长得一人高。儿时游玩冒险的乐土，如今已找不到一丝痕迹。

### 3. 少年时代的新家

香港回归那一年，我家迎来了第二次搬迁。又是父亲单位的优厚福利政策，旧房还与单位留给新来的员工，又得到一套算是半卖半送的新居。因为我们只需再补交12000元便可以得到一套80多平方米的公寓。当时的房价印象中大约每平米四五百元。这样的境遇实在令今人艳羡。新房与旧房略有不同，原因在于当时个体户这个职业在家乡成为了新兴行业，很多职场不顺的人惊奇地发现这样一个虽辛苦却可致富的工作，一时间纷纷下海。于是一个个小店如雨后春笋。为此很多沿街的住房都变成了下层商品房上层住宅的模式，我的新家便坐落在一条街道边、一条旧河渠的上方。两层经济房加四层的住宅。另一个转变则是当时室内装修行业方兴未艾，父母也不吝金银请来瓦匠、木匠、漆匠为新房装修，铺瓷砖地面、包木三合板墙裙、挂石膏吊顶、上各种颜色的漆、买各式家电用具……新的生活在我小学将毕业之时开始了。从此没有了楼前的大院，儿时的玩伴也各守天涯，初中生的我开始为了升学告别自己的童年。在这里，度过自己平凡而青涩的少年时代。

如今关于这房子的琐碎记忆，似乎也只有因没有大院没有凉房不得不每日把自行车抬进三楼楼道里的无奈，因住房临街且缺乏管理以至于环境卫生的不堪，以及河渠里每到夏天泛起的古怪味道，地处街角车水马龙的拥堵聒噪……这房子本身实在没有带给我许多好的体会，不过有爹娘虽严厉却无微不至的照料，有家中新养起的小狗调皮可爱，温馨的味道依然值得回味。

### 4. 为高考而生的住宅

升入高中，在学校集体宿舍中住了一年有余。而后为了能有个更好的环境，爹娘借了他们一个朋友在学校附近的房子，一年多的时光里陪我迎战高考。其实这种高中生活方式在我的高中早已成风，很多学生都或租或买的在学校附近弄一间小屋或是一套房子，其中不少家庭都是举家搬迁陪子女读书。我这临时的家是学校的教师公寓，不少同学都住在一个小区内，于是在这里我们过起了可能只属于那个地区那个年代特有的陪读生活。几个同学有时结伴回家，有时一起出来打球，倒是在阔别数年后竟再一次寻到一些儿时大院的味道。不过在那时的心境下，这一切都显得无足轻重。

高考，那时的全部……

### 5. 高考后的新屋

总算有惊无险，从独木桥挤了过来。却没想到，父母居然为我准备了一件大礼：他们一边为我伴读做饭照顾我起居，同时竟又偷偷地买了套新房甚至装修完毕。于是高考归来还未回过神来的我直接被拉进了新居。这仍是一套公寓，只是更宽敞了些，物业等各方面条件也更好。不同的是，这时父亲的企业早已改制，再没有了福利，父母全凭自己赚到了这套新居。而这时，花园小区这个概念才刚刚在家乡兴起，我们也算啖得头汤。从此楼下不再有日夜叫卖的商贩，门前也不会再现车水马龙的繁忙。新家里，简约精致的装修、各色流行家具……这一次的搬迁，更像是前一次的重演，不过变得制作精良了些罢了。只是那几个月中发生了太多太多的事情，我甚至都没搞清楚状况，便浑浑噩噩踏上了到北京求学的路。一直在这条路上走到了今日。

回首我家的“家”，实在没有太多翻天覆地的变化。隐喻着生活的实质，在平稳中逐步前进。当地的住房在近二十年中也未发生似北京上海这样的大城市的剧变。一成不变的六层单元式住宅，小则五六十平米大亦不过百多平米，房价更是十余年来最高时一平米不过600元。只是在我离乡到如今这一两年间，家乡似乎才后知后觉地嗅到房地产这块巨大蛋糕的甜美味道，两年内将房价翻了近四倍……

这可以算是我的一段住房变迁史吧，没有波澜的事件、没有不平凡的遭遇，有些乏善可陈，甚至害怕早已离题万里。然而房子的记忆却因为这点点滴滴的回忆变得无比厚重、醇美。

注：徐少楠，家住内蒙古自治区乌兰察布市集宁区。文中所述家乡，指乌兰察布盟集宁市，数年前根据撤盟建市的政策重新分划辖区，变为乌兰察布市集宁区。

**编者的话：**又一篇幽默的作文！北京向北，车程一个小时就能进入发展相当滞后的地区，何况是四五个小时。我曾随驴友驱车六小时，前往著名的摄影天堂乌兰布统，得到的感受是：上午历尽艰难杀出汽车重围，下午狂奔于荒无人烟的森林草原。首都与周边地区的这种巨大落差，不知道世界上的其他地方是否也存在？

不可否认，在很大程度上，这要“归咎于”我国公路系统的不断升级换代。以前要走三天的路程，如今不消三个小时就可以解决。同样的空间距离，在感受时间上压缩了90%，给心灵上带来的震撼也更强。

当代民谚云：要想富，先修路。如今路已修了，离“富”还远吗？相信此梦会早日实现，就凭很多国人都有徐家父母般的奋斗精神。

徐少楠

(建筑系，内蒙古乌兰察布市集宁区)

# 住宅五阶段

### 1．上幼儿园前

我的老家在江苏中北部的一个小县城。小时候在老家，和奶奶二叔住在一起，爸爸妈妈在城里工作，租房子住。

老家的房子是极为普通的三间三层(图4-1)。村里是说要盖房子，指的就是这样的三开间、三层的房子。这栋房子盖得比较早，建成于1990年代初，采用的是承重墙结构，墙体是砖头砌成的。层高高得离谱，没有吊顶的情况下，目测有4米5。大冬天，即使装了空调，温度也只能升到14度左右便再无法向上攀登了。不过不知道为什么，全村乃至附近的N多乡镇的房子都是这个层高。农村盖房子有许多严格的规定，重点表现在层高上，既不能比别人家的房子高，当然也不甘心比别人的房子矮了。我从小就纳闷那么高的空间住着让人特别不舒服，为什么还得家家户户这样。上了大学后回老家，最大的理想是能在老家自己的房间搞个小阁楼小夹层什么的。

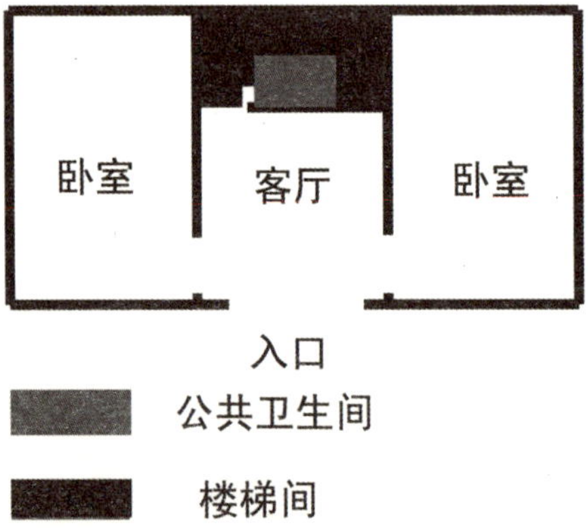


图4-1 老家房子平面

### 2．幼儿园

后来长大了，我得到城里去上学，和父母住在租的房子里。这个房子相对简单一些，大开间，30平米，在二层(图4-2)。房东家屋子比较多，租给我们家一个二层朝东的房间。朝东面临着大街，一楼自然是商品房了。根据我努力的回忆和不完全记忆，房间是南北向长5米，东西向6

米，好在西面虽是走道却对着院子，也算解决了一部分采光问题。房间中间简单地用隔墙隔了一下，东面归父母，西面归我，等级制度可见一斑了。厨房和卫生间都在外面，是一排小平房，分布在院子西边。这个院子中还住了其他一些人家，多是房东租给别人的。主人占据着一楼和二楼朝南的房间，这充分说明，发展经济才是硬道理，掌握住房的主动权才是王道啊。

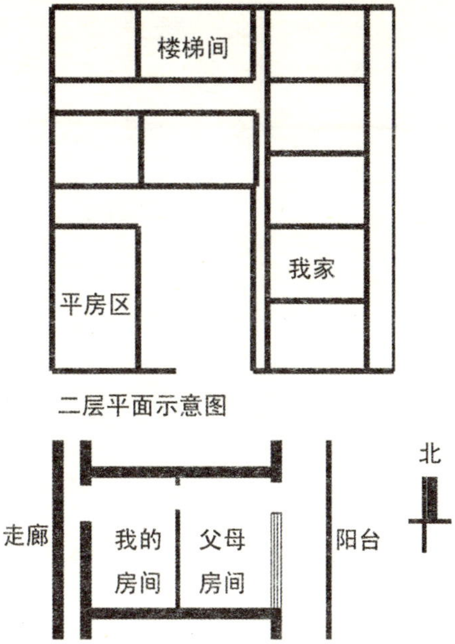


图4-2 在城里租的房(平面)

那个院子很宽敞，夏天大家都在院子里乘凉吃饭，看电视。房东家的这个三合院，由于地理位置处在市里第二高级中学的正对面，可谓得天独厚，占尽优势。区位因素的巨大优势在那一刻体现得淋漓尽致。在这样的院子中，我度过了幼儿园三年和小学的头两年。到现在我还喜欢回到那边转转，印象太深了。

### 3. 小学二年级后

终于有了自家的房子。在爸爸的学校外边，单门独院，一开间，上下两层。一排共有九户，户户东西相连，住的全是爸爸的同事。房子分两部分，最南边是厨房，中间有小院子，比较小，像是天井，卫生间在天井东边，北边是主体建筑，两层(图4-3、图4-4)。一层是客厅和我的房间，二层是爸妈的房间。我最喜欢这个住宅，很独立，但是邻居间的交流很方便，邻里关系很好。

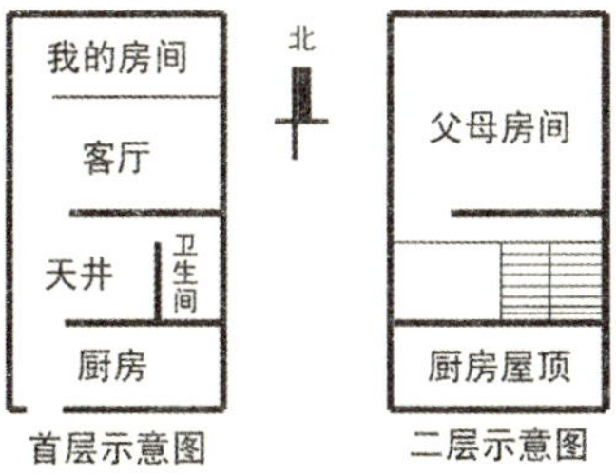


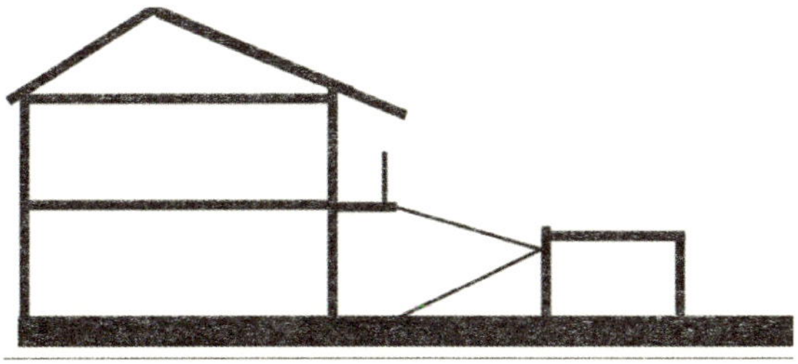

图4-3 自家的房(平面)(左)
图4-4 自家的房(剖面)(右)

图4-5 城里的商品房(平面)

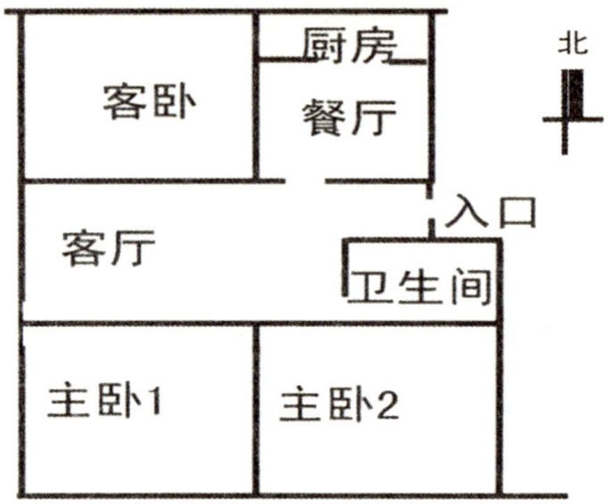


九户人家在一排，门口是两行参天大树，是夏天纳凉打牌的最佳去处。这片住宅区周围的环境很好，东边和南边是一大片田野，满眼碧绿碧绿的，加上房前的两行大树，水景极佳。我心目中的理想住处就是这样的一块地方：环境好，还不用爬楼梯，还有城市人最稀缺的邻里关系。

房间面积也合适。北面的主体建筑每层有25平米，分隔成前后，南面是客厅，北侧是我的小房间。二楼则属于爸妈，既是他们的卧室也兼做书房。家里来客人的时候，可以住在我的房间，我就会在爸妈的房间中睡沙发。我觉得这样的房间面积才最合适，够用但绝不浪费。厨房上是屋顶平台，爸爸在这儿种了许多花花草草，构成了第二个生态系统，可谓造福全家。住宅的最大缺点就是楼梯在室外，下雨的时候比较惨，搬进来半年，爸爸就受不了，给天井安了个石棉网材料的顶，好在江南阳光足，影响也不大。

#### 4. 初中至高中

初中一年级的时候，家里在城里买了商品房，距离爸爸工作的学校不远。三室一厅，120多平米(图4-5)。南边两个房间分别是父母的和我的，北边是客房、厨房、餐厅，客厅是侧面采光。这一套商品房五层，底层是车库，朝北。刚买下这房子的时候，我根本不愿搬进去住。一方面因为要爬楼，二是没有和地面接触的机会，没有院子，没有花草，没有参天大树，没有那些看着我长大的叔叔阿姨，没有可爱的邻居，没有夏天的纳凉和打牌。搬进来就感觉几乎和外面绝缘了，特别不舒服。高三那年，原来的房子要拆了，才不得不搬进来，我心里颇为不痛快。由于车库在一楼，住户们纷纷把车库改造成厨房，这样省了不少力气。我家也这样，楼上的厨房、餐厅几乎浪费，我每次假期回家都恨不得把它改造成我的书房和工作间，结果每次都遭到强烈反对。

#### 5. 大学至今

父母决定在老家建一所房子，一方面因为老家离城也不远，另一方面，他们说家里没房子总归不好，说是对祖上不尊敬什么的。再有就是说他们也不愿意住商品房，太拘束，太麻烦。他们在老家也立刻动了工，两开间三层的小楼立刻竖了起来。一层南边是客厅，北侧厨房；二三层是房间，南北各两个。最让我欣慰的是，前面终于有了一个小院子(图4-6)。我只在假期时回去住过一段时间，无奈离城里有一段距离，出门聚会访友有些许不便，有时候太晚了，就睡在城里的房子里。过年的时候，大伯全家从上海回家过年，小楼终于发挥大作用了。卧室间数多，还腾出几个打麻将的房间。也只有这时才真正让人感慨，农村真的很好：空气好，环境好，地方宽敞，人还多，人气旺，真是一片人间乐土啊。

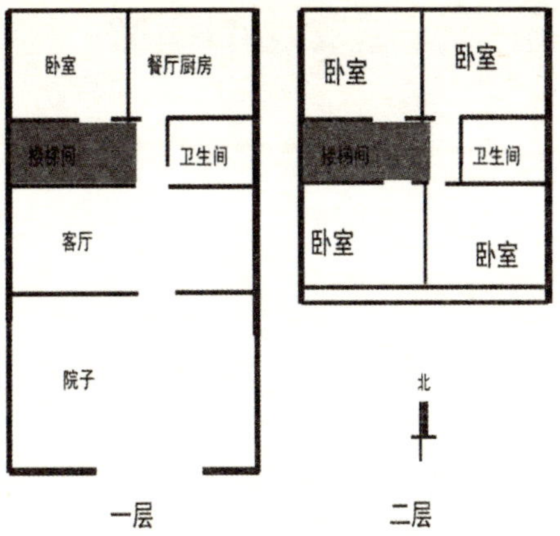

图4-6　在老家建的房(平面)

**编者的话：**作者力挺公共利益，为此宁肯“牺牲”一部分自己的个人利益。但愿他能在以后的职业生涯里坚持这一点。

4.5米的层高，未见实物，我还真难以相信。不过，南方农村住房层高的确明显高过北方城市住宅。初到北京时，我就诧异于北方人何以能忍受如此低矮而压抑的室内空间。后来慢慢领悟，这里面有适应气候的考虑：南方主要对付夏季之炎热，室内空间高是为了让热空气上升得更高；北方主要对付冬季之寒冷，室内空间低是为了不让热空气上升得更高。

禁忌也好，风水也罢，在控制建筑高度上发挥了实际作用，其效果似乎胜过了今天的法律。什么原因？是不是立法的过程出了问题？

荣宇

(建筑系，江苏泰兴)

# 萧山住宅变迁的缩影

从我出生到目前为止，一共搬了两次家，住过三套房子。搬的时候觉得理所当然、水到渠成，现在回想起来，每套房子居然很恰当地表现了各个时代家乡的住房特征。所以，我的住宅变迁史，可以说是一个萧山住宅变迁的缩影。

### 1．三岁前·集体宿舍(1988～1991)

父母的婚礼，是在厂区的集体宿舍里完成的。上世纪80年代，小城的改革开放刚刚起步，国有企业还占据着小城工业的垄断地位，父母所在的单位就是这样一个企业。除了生产车间，厂区内还有食堂、宿舍、幼儿园、医院。这还是一个比较小的国有企业，更大一些的，还有小学、初中，全家几代人的生活都与企业密切联系。职工间除了工作关系，更有一种类似于亲友的关系。年轻职工之间结为伴侣的也很常见。

听父母回忆，他们结婚前住的都是单身宿舍，几人一间，男女分开。妈妈会去爸爸宿舍找他，他们一起唱歌，还抄写当时流行的歌词。突然觉得这和我们现在的大学生有些相似。父母结婚后，就从单身宿舍搬了出来，搬到了专供年轻夫妇居住的集体宿舍(图5-1)。

黑色的外框是墙体，西面灰色的是大门，这是一种墙围起来的集体住宅。整个建筑加上围墙，我们叫做墙门，是单层建筑。这种建筑形式在改革开放前非常普遍。萧山有很多狭长的弄堂，两边就是这样的建筑。大门一关，里面就是几户人家的独立天地。这几户人家像亲戚一样关系密切。

图5-1 集体宿舍平面

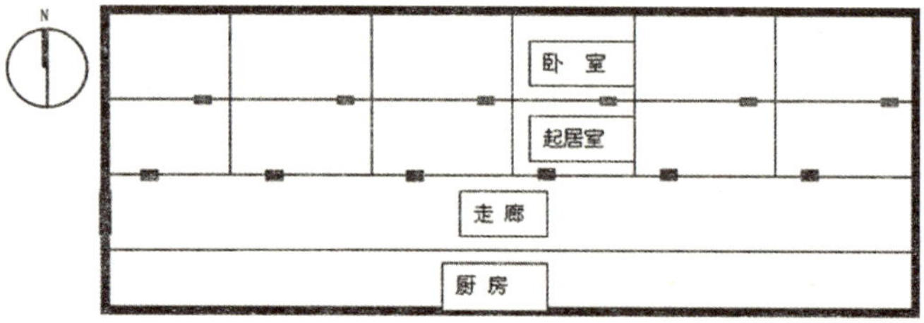


走进大门，是一条露天的长走

廊，可以放些杂物，也是露天活动的场所。北面是建筑的主体，一共六户人家，我家是左起第四间。南面是公用厨房，六户人家都在里面做饭，各自有一套炊具和灶。大门白天都是敞开的，晚上关闭，每户人家都有大门钥匙。厕所在墙门外面，是一个公共厕所。

再说一下每户人家的结构。每户都有一扇门，进去后就是起居室，吃饭也在这里。隔一堵墙，再进一扇门，就是卧室。两开间面积基本相等，一共20平方米左右。现在想来，非常拥挤，可当时似乎也不觉得，人总是通过比较才发现差距的。

这套房子属于福利性质，每月租金非常便宜，只要两块多。

我在这里的印象并不深刻，毕竟年纪尚小。只记得每户人家都有一个小孩，差不多的年纪，大人们还开玩笑说要结娃娃亲。当时父母是双职工，为了照顾我，特地调了班，一个上早班，一个上晚班，中间有一段交接时间。怕我出事，他们在交接的时候会叫隔壁比我大些的孩子照顾我，不让我从床上摔下来。后来大家陆续从这个墙门里搬出，但还是会每年聚一次，邻居间的感情非常深厚。直到我上高中，这样的聚会才慢慢消失了，而那些幼时记忆模糊的玩伴也已经不知去了哪里。

### 2．3～12岁·租赁公房(1991～2000)

我3岁那年，第一次搬家，搬到了一个名叫“百尺溇”的地方，是公房，父母单位分配下来的。这是一幢三层建筑，每一层也有八户人家，有外廊。每一层的构造大致相同，我家住二层(图5-2)。

每一层有两种结构的房子。一种是和楼梯平行的，一共六户，各有前后两间，外面一间为起居室，里面一间为卧室。另一种就是每层楼的东西两端，各有三间房，一个起居室，两个卧室。厨房不与主体建筑相连。较小的六户厨房在走廊一侧，另两户如图所示。这里还是没有厕所，厕所在楼下公用。

我家住在最东面，有一间起居室，两间卧室，面积50平方米。因为客厅很小，而我年纪尚小与父母睡一

图5-2 租赁公房平面

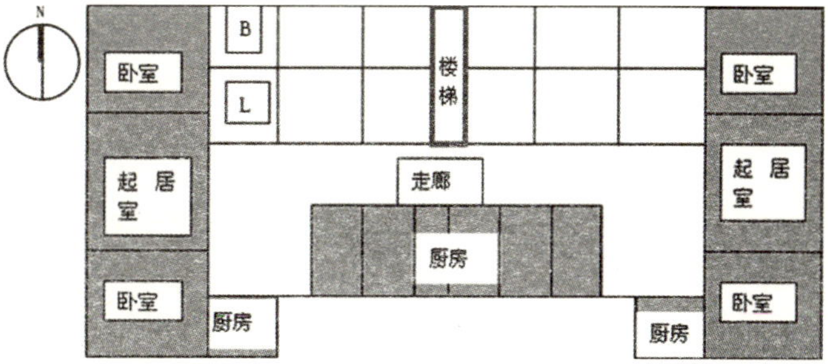

个房间，所以原本南面卧室也被用作客厅。小学一年级开始与父母分房睡，我就搬到了南面卧室。

在这套房子里，我度过了小学生涯。家离学校很近，走路五分钟就到了。由于要过一条马路，父母一开始会牵着我的手过马路，然后让我自己走着去学校。后来长大一些，就在窗口看着我过马路，不再亲自送了。再长大一些，我就可以完全自己独立上学和回家。有时候放学早了，家人还不在，我就会到一楼的一户人家坐会儿。这时候邻居的关系虽然没有以前那么密切，但还是互相帮助。当时电话还不普及，我家算是比较早装的，邻居家里没有电话，遇到急事就会来我家打电话，爸妈总是非常热情。

由于是公房，租金也不贵，每月每平方米5毛钱。按我家的面积，不过25块钱一个月。但是，没有厕所，洗澡不方便，平时只能打水冲一下。所以，一到寒暑假，我立刻收拾行李直奔外婆家。外婆家很早就是三室一厅的标准住房，那时候觉得很是舒服。

1999年，公房实行房改，我家买下了这套房子，一共花了1万1千元。现在这笔钱只能买商品房一个多平方米了。不过，那时候的物价、工资都处于比较低的水平，1万多块钱对于工薪家庭也不是小数目。这是我家真正拥有产权的第一套房子，从此告别了租房时代。

爸爸此时也已经从工厂辞职，开始从事另外的职业。像一个标点，住房进入了商品化时代，不再与工作关联。国有企业纷纷变为私营，民营企业兴起，使得商品房获得了巨大市场。一开始，萧山农村户口的人只要购买商品房就能获得城市户口，可见商品房的市场并不大，否则就不会有如此优惠的条件。现在，户口与商品房早已不再关联。

### 3. 12岁至今(2000～)·商品化浪潮

1998年，父母买了第一套商品房。在当时，商品房还是新兴事物。我家所在的小区名叫洄澜南苑，因附近有一座古桥“洄澜桥”而得名。我家是第115幢，第117幢就是这一大片住宅的终结，因为土地已经没有了。原本这一片是农田，是萧山城区的外缘。买房的时候，沿城河一路骑车过来，感觉我家被贬到了荒郊野外。今天看来，却是当之无愧的中心区域。萧山的城区范围扩大之迅速，可见一斑。

家附近有洄澜小学、洄澜初中、萧山中学，这三所学校步行各离我家不过五分钟路程，非常近。我念的就是洄澜初中和萧山中学。

洄澜南苑是分批建设的一大片住宅，最初建的也是用于分配的公房，到我家这一期工程才是商品房。我家买了顶层6楼，103平方米，20多万元，1998年的房价还不高。不过，“买房子”这一概念对我父母这一代人来说却是一次大转折，而且20多万元也不是小数目，没有贷款，一次交纳，几乎倾囊而出。一段时间内，我总对压岁钱的去处耿耿于怀。

由于是顶层，还附赠一个阁楼，阁楼面积与6层相同，包括60平方米房子，40平方米露台。所以，这一套房子有200多平方米，比起以前的房子有了数量级的飞跃(图5-3)。

介绍一下主体住宅。进门是玄关，换鞋的地方。玄关与餐厅用矮柜相隔，餐厅与厨房相连。我的卧室连着阳台，阳台与卧室间用移门隔开，爸妈的卧室在我旁边。从客厅楼梯上楼，可以到达阁楼。

以长线相隔，以下是阁楼一层。我家第一次出现了餐厅、储物间、阳台之类的功能区，厕所有两个。阁楼上的厅有跑步机等健身器材。储物间存放物品，使得楼下的空间比较宽敞。露台是妈妈养花、洗衣晾衣的地方。今年回家，发现露台上竟又多了很多蔬菜，我家进入了自给自足的田园生活。

这套房子的面积已经足够使用，但有一个弊端，也是那个时代商品房的通病，就是公共区和私人区的分区并不明显，卧室和客厅并无过渡。后来的住宅，越来越注重主人的隐私，往往在客厅和卧室之间有一个小厅或通道作为过渡。

在这套房子里住了7年，我千里迢迢来到北京上大学。一年寒暑假回去两次，还经常遇到实践，在家呆的时间越来越少了。不过，无论我走的多远，家人在哪，家就在哪，这与时间无关。

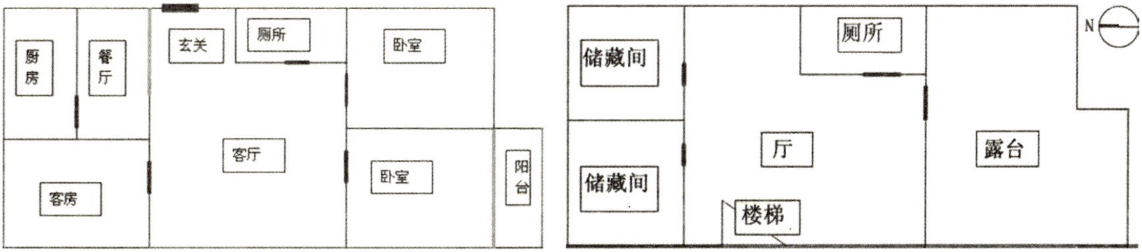


图5-3 洄澜南苑商品房平面

图5-4 钱塘江边的住宅内景

### 4. 将来时·危楼高百尺

2007年，父母在钱塘江边买了一套高层住宅，126平方米，第23层，客厅落地窗，望出去就是钱塘江面。寒假回去时曾去看过，风景着实不错。不过电梯坏了怎么办……这时的房价已经涨到了每平方米7000元，贷款买房已经是普遍选择。等这套房子款项付清，我爸就要退休了。

房子目前没有装修计划，因为在郊区，离父母单位都远。他们打算等差不多退休了，我也大学毕业了再说。不过，父母笑谈，也可以周末当作度假之用，拿上帐篷餐布，在没装修的房子里露营，也算颇有情调。此时，萧山有这样一个趋势，市中心上班，居住在郊区，而私家车的普及也使这种方式成为可能(图5-4)。

我的住宅变迁史告一段落了，其实，这应该是我父母的经历，爸妈说这应该是他们最后一次搬家了，将来这套江景房用作养老。对于我来说，房子的故事似乎才刚刚开始。

**编者的话：** 蒋肖斌画的住宅示意图很有趣！像电路图：墙是电路，门是电阻。

单位房和商品房是两种性质的东西。正如它们的名称所表示的那样：单位房是单位的房，住这样的房就意味着生活在一个有围墙的世界里——上班、睡觉、购物、社交，基本上都在里面完成；商品房是商品经济的房，住这样的房就意味着生活在一个没有围墙的世界里——小区的围墙，只是限制了你睡觉的地方，上班、购物和社交都要在围墙外完成。

蒋肖斌
(新闻系，浙江萧山)

# 家越大，心越小

## 1．竹筒屋(1986～1988)

我家在广东珠三角的中山市。两三岁之前，我住在农村的祖屋里，和爸爸妈妈、爷爷奶奶、小叔一家住在一起。虽然那里的人口密度不算高，但我惊奇地发现它的形制竟然也是竹筒屋！在我印象中，那时的农村里最常见的就是这种竹筒屋，另外还有碉楼。竹筒屋多是一二层，而碉楼零散分布在低矮的竹筒屋群中，就像塔一般矗立，外表威严豪华。我以前去过同学家的碉楼，发现因为外立面的密实，导致屋内非常阴暗，要通过很陡的木制楼梯上楼。现在回去看不到竹筒屋了，但碉楼仍在，偶尔从里面走出个老人。这些农村住屋大多用灰砖、瓦、木做建筑材料，朴素淡雅。

祖屋有着细长的平面，单侧走廊，侧开小窗，走廊上挺凉快的(图6-1)。屋前部是一个较高的大厅，有个夹层神台，每次拜神烧香都要搬来一个木梯爬上神台。中部楼梯间，设有天井，后部是厨房。较值得一提的是门口的趟栊门，它是一个活动的栏栅，由数根直径约8厘米的坚硬圆木构成。趟栊之后是大门扇，是真正的防盗门。门为木板门，门纽是铜环，门轴旋转在石臼中，用以防潮，内有横闩扣门。昏暗的屋内，夏天坐在客厅里，对着趟栊门享受凉凉的穿堂风，或是搬个凳子坐在前庭院的龙眼树下乘凉。

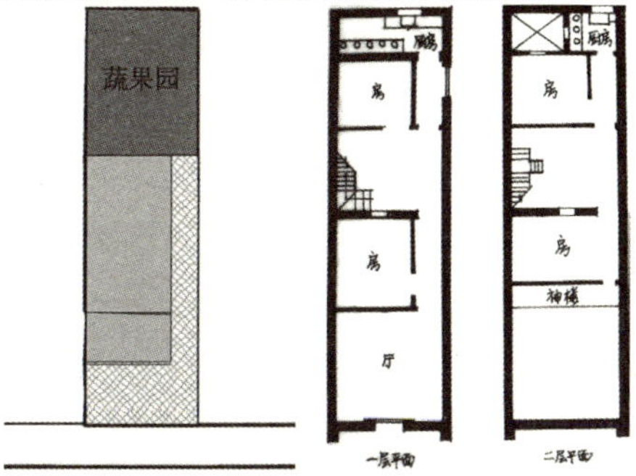

图6-1 祖屋平面

由于竹筒屋狭窄成长条，在里面居住，首先得解决通风及采光问题。天井解决了一部分内部通风、采光和排水等问题，加上巷道、屋顶上的明瓦天窗，室内隔断墙不到顶，楼板做

图6-2　爸爸单位的宿舍平面(左)
图6-3　商品房平面

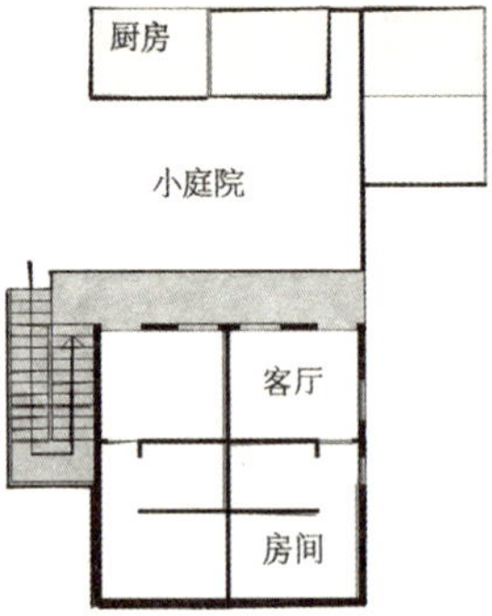


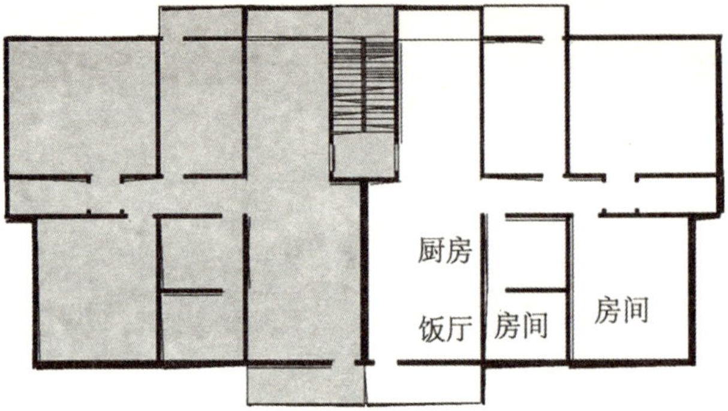


通风孔，增加层高，屋顶用双层隔热顶，在天台上种花草，都收到通风隔热的效果。这是老百姓的大智慧。

不过跟广州西关那儿不同的是，我们的竹筒屋有着农村的特点，屋前面与路间留有一个小前庭，种有龙眼树、黄皮树。而我祖屋后面还圈了一个果菜园，十足的农家风味。那时的邻里关系非常融洽，走在街上每家每户都互相打招呼聊聊天。村里都会有一两块空地，活动的人多了就自发形成集会广场了。几棵百年老树的护荫下，摆几桌麻将、桥牌，就热闹起来了。中秋之夜，这里也是大家一起赏月的好地方。我家搬走以后，我们也常常回去，不过毕竟不住在那里，怎么也融不进那个地方那些人的那些生活。祖屋现在荒废了，村里的竹筒屋也越来越少了。

### 2. 水泥平房(1988～1996)

这是爸爸单位的宿舍，两层四户，面积很小，是当时最最普通的水泥平房。感觉是集约型的，就是给你一个方空间，任你自己随意摆东西分隔。厨房卫生间与宿舍分开，刚好围合出一个室外小庭院，这也是我们的公共活动空间(图6-2)。广东人爱到室外乘凉，每到吃晚饭时，四家人都在小庭院摆上桌椅，放上饭菜边聊天边吃，外人还以为我们在摆宴席呢。因为是一个单位的人，也因为这个中间共享空间的存在，邻居之间的关系非常亲密，中秋节都会一起过。我小时候常常到周围叔叔阿姨家串门，还记得二年级的一篇课文还是在欧阳叔叔家学的。家里地方小，于是客厅就成了名副其实的多功能厅，有我的作业桌，妈妈的裁缝车，爸爸的工作桌，经常是妈妈边做衣服边看着我做作业。我对那里的感情很深厚，我玩得最疯最不顾后果的年龄就是在那里度过的，我最童稚的伙伴们都是在那里结识的。不过那时住的面积确实太小了，一直没有属于自己的空间，所以我对那里的印象都是关于人的印象。

### 3. 商品房(1996至今)

搬到了商品适用房。那时还没有较完善的住宅小区，物业管理都还没成型。七层高的板楼，因为临街的缘故，底下两层都是商铺。我家住在6层，没有电梯，回家算是锻炼身体。我家改造后变成三房两厅的格局，东侧不临街，所以把那侧的一个阳台改造成厨房(图6-3)。功能齐全，地方也大了，所以有时都懒得走出房门，偶尔走出家门也难碰上楼里的住户，正所谓“躲进小楼成一统”。

没有了之前村子里的熟人关系，也没有了单位宿舍的同事关系，凭着契约关系很多户人住到了一幢楼里。虽然住的面积大了，什么都方便了，我也拥有了自己的独立房间，偶尔站在阳台铁栏杆边上还能俯视一片片的平房。但是，人却变小了，圈子也缩小了。家好像仅仅成了一个住的场所。虽然说有亲人的地方就有家，但我认为家不只是屋里面的亲人，还要有亲近的邻里街坊。家不仅是一百多平米的地方，而是一个有着广大辐射范围的场。我始终渴望生活在一个热闹的社区中，还想重新回到前庭后院、离土地更近的地方。以后还是会再搬走的，不知道下一站会是怎样的地方。祖屋是再也回不去了，因为那一代人都走了，填进去的都是没有干系的，而且很悲哀地，那里被城市包围着，似乎已经濒临被拆迁的危机。商品房是高密度城市化的代价，可能建筑师可以多用一点心思，向乡土建筑学习，营造出人同人的积极交往空间。

**编者的话：**农村里也有竹筒屋！改变了我认为竹筒屋只出现在商业地区的看法。城市里的竹筒屋，是因为建筑临街面市场价值远高于不临街面的而产生的。农村为什么也有竹筒屋呢？光是从南方日照太充足来解释，似乎难以让人信服啊，因为同样的地理气候条件下有更多其他形式的住宅。

趟栊加厚门板组成的防盗门，是过去不太平时代的遗产和见证。现在，趟栊依然有防贼和阻挡牲畜的功能，但就建筑形式而言它更是广东建筑的一个标志性符号。

几乎所有的人都在回忆公共院子里的快乐生活，并且表达对商品楼房里生活的不满。是围城情结导致他们刻意厚古薄今，还是好的生活就不应该是我们现在这样？

陈晓兰
(建筑系，广东中山)

# 玉林的机关大院

用微软输入法打这个标题，一开始出来的是“我的住宅股市”，不禁哑然。如今的中国，“楼市”比之股市,是火热有过之而无不及。住房，是很多父辈人手里的最高资本，却是很多同辈人望之却步的心病。

## 1. 平 房

回到正题。我非早慧，所以不幸错过了自家的第一处房子——在我懂事前就已经搬离的平房。南方闷热，冬天无需暖气，因此这处连排平房的起居空间与功能空间是分离的(图7-1)。大房间身兼主卧与起居室之用，因此来客时大家就会坐在主卧的床上一起打牌或者看电视。起居外的阳台是对公共道路开放的，没有私密性可言，通常用来养花晾衣服纳凉之类。要到厨房(兼饭厅)和澡房去，必须经过公共道路，道路通常也是孩子们嬉戏的场所。这套房子没有厕所，必须跑到相当远的公厕。有趣的是如厕不便大家都可以忍受，但家家必有自己的澡房，并没有澡堂这样的建制，这与北方许多城市颇为不同。

显然，用今天的私密标准来看，这种平房完全没有隐私可言，跟大杂院没什么两样。但那个时代人们似乎也没这许多讲究，邋遢的着装和粗茶淡饭也能自得其乐，邻居之间拉拉家常打打牌。现在反正是回不去了。

## 2. 单元楼

后来单位分房，我们搬到一个单元楼的二楼。两室一厅，并且终于有了自家的厕所。其时我年纪尚小，夜黑怕鬼，故仍与爸妈同睡一床。我妈那时还有亲手裁衣的癖好，所以在闲置的客卧里摆上大桌子，在有穿堂风的夏天自得其乐地描样裁布，这我后来进建筑系埋下了伏笔……

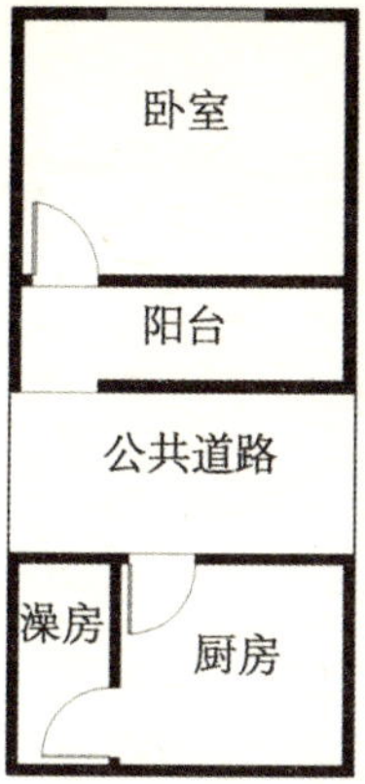


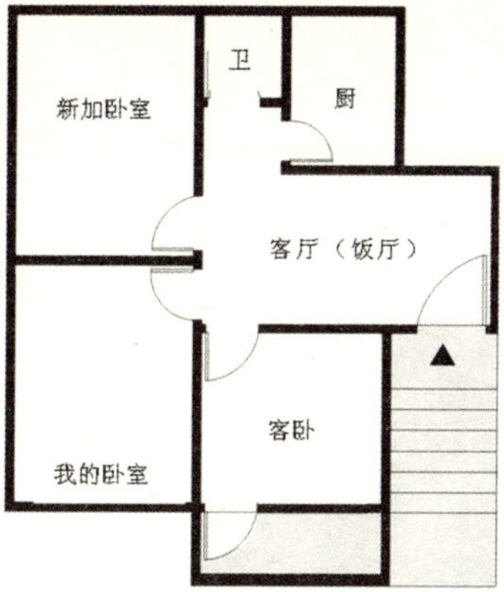


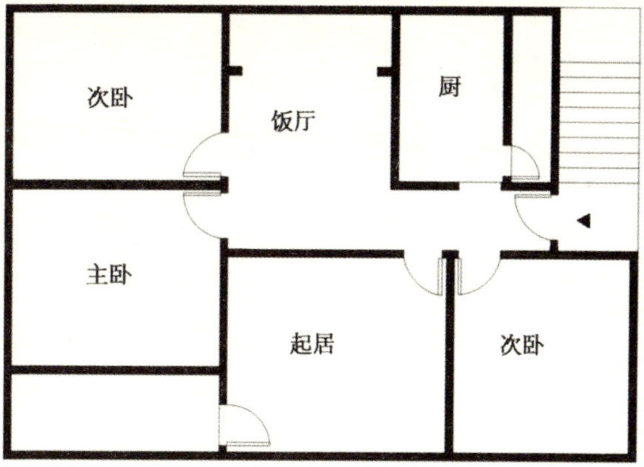


图7-1 平房平面(左)
图7-2 单元楼改造后的住宅平面
图7-3 第三套房平面(右)

再后来，住房条件再次改善，改造了我们所在的住宅楼，添了一间卧室，正好在我长到足够大的时候给我提供了自己的房间(图7-2)。由于客厅很小，电视依然被摆在主卧里，客厅则作为饭厅使用。

这个时期虽然搬进了楼房，但由于是机关单位的住户，互相熟络，加上周围依然是平房区，所以邻里间依然保持着一种开放和亲密的关系。平时经常会串门聊天，做了什么好吃的也能记着互相送一点。那时的小区没有现在的小区那样效果图式的花园，但夏木阴阴，乱石堆和草丛间充满野趣。这就是所谓自然生成的肌理远胜人工规划了。

屋子很小，但是感觉家很大，因为方圆数百米内都仿佛自家的花园，游戏其中，不亦乐乎。

### 3. 老式单元楼

有了第三套房子是因为爸爸调职，我们就在1997年搬到了现在住的房子里。这是典型的老式单元楼，总共三层，一梯二户，容积率奇低。刚刚搬来的时候楼前还是各家凌乱的库房和菜地，有各种私搭乱建的苗圃和车棚，家鸡乱蹿，同样充满野趣。很难想象这是在政府公务员的生活区，又或者这就是政府公务员生活区应有的样子(图7-3)。

新家最让我满意的是满窗绿树，隔窗洒下遍地光斑。这套房子的私密性与当年的平房已然不可同日而语。唯一的问题是楼距很近，鸡犬相闻，要保持私密需要拉上窗帘。

数年后撤地设市，整顿生活区，于是作别野趣，楼前空地变成了二流效果图式的景观草坪。所幸南窗外数十年的老树仍在，生活气氛不减。

转眼间住在这套房子里也有十年了，这期间小学升初中，升高中，一直到现在离开家乡来到清华。后来家里周边的环境也就没再有太大变化，所以每次回家都还能看到满窗的绿树。但是邻居的更替一直没有停止，也几乎不再有邻居来串门。中国的发展越来越快了。

某一年妈妈的单位集资建房，于是我们家在环城公路边上有了一幢小楼。这是两广一带流行的“竹筒房”，面宽近五米，进深十多米，在潮湿的南方的确不是太让人愉悦的生活环境。加上临近公路，夜里噪音不断，相比政府院内的环境有天壤之别。因此家里也一直没考虑入住，只是作为一处房产。曾经住过亲戚，现在出租在外，租金还能补贴家用。

城市的发展往往也在深深影响人们的生活。随着政治和经济中心的东移，城东将要建设新的政府办公区。为了将来上班方便，家里在附近的小区买了一套新房子——这时我已身在建筑系，因此这小区和配套的花园在我眼中就是二流效果图般的存在。不过12楼的好景观和门口的玄关还是让我有小小的满意。我们一家人都在犹豫要不要好好经营这套新房——因为都舍不得住了十年的老房子和满窗的绿树。

写到这里，我二十年来的住宅变迁史也基本完全了。现在我所关心的是，将来的我能住在一个怎样的房子里。

**编者的话：**机关大院曾经长期是普通百姓羡慕的“高档社区”：那里的房子好，幼儿园好，食堂好，环境好，就连厕所也比别处好。记得我们县的政府大院里有一口好几公顷的大池塘，厕所就在池塘边上，方便的时候每一下都能引来一群争先恐后的鱼。如今各地出现的新政府大楼，还有多少配备家属楼的呢？——当然，河南信阳那著名的“史上最牛官员别墅”不应算在内。

市场经济为购房者提供了如此多样的选择。有能力者，完全可以凭手中的钞票去选择自己最中意的住房，无需“单位”亲自去建造。

吴 浩
(建筑系，广西玉林)

# 漂泊的家，永恒的爱

## 1. 伴随一生

父亲经常谈起，“老家的房子和你是同龄的，你是夏天出世的，房子也是那时候盖好的”。这时母亲总会补充一个小故事：“房子盖好的那天，我抱着你站在门口，就过来一个算命的，他指着家里大门说‘这家门第(大约指门的风水)好，一定会出人的’，你说也没人找他算，他就一个人这么说，说完就走了。”母亲说完看着我露出欣慰的微笑，笑容里逐渐展开一幅午后乡村的画卷：只见一位年轻的母亲怀里抱着一个婴儿，这时远远走过来一个老道或和尚，他一眼相中这户新房的大门和母亲怀里的婴儿，不由念出“风水好”和“会出人”两句。也许我一生的命运就系在这门上，无论漂泊至何方，根总是连在这扇老家的门上。

老家的房子建于1987年，二层的楼房在十里八乡数得上第一栋。那时改革开放刚开始不久，大多数农民还延续着“面朝黄土背朝天”的农耕生活；父亲不愿种地，便走出农村，成为最早一批进入城市的淘金者。当时的中国正处于经济腾飞的开始期，百废待兴，建筑行业蕴藏着巨大的商机。靠着勤劳和信用，父亲逐渐富裕起来，又恰好遇到了我的母亲，在而立之年事业、爱情双丰收。老屋和我自然成为父母爱情的见证和结晶(图8-1)。

老屋前面是石头铺成的台阶，台阶下面平躺一块二尺见方的大石头，说是盖房子时剩下的。小时候爷爷常指着那块石头吓唬我：“再不听话，那里面就会蹦出个妖怪把你吃了！”进大门是一个厅房，这是整栋建筑最重要的一个房间，每年的祭祖仪式都在这里举行，爷爷去世后棺材也是在这儿停了七日。厅房最里面靠墙摆着一架高脚长桌，桌子上供奉祖宗牌位，还放着一座古老的座钟。无论是长桌，座钟，还是牌位，自我出生起就一直存在记忆里；从来没有

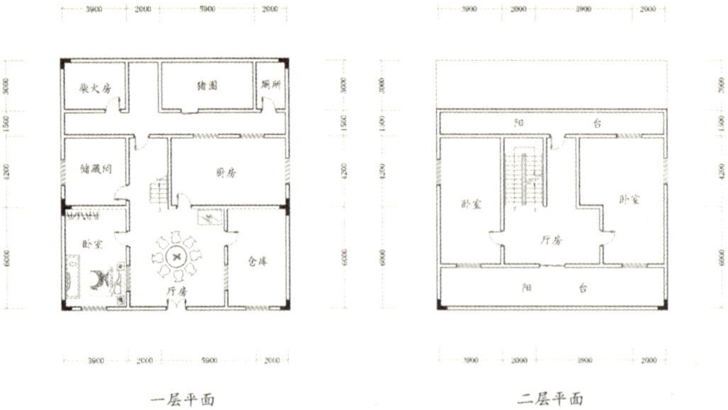


图8-1 老屋平面

人告诉我它们是什么时候放上去的。一张八仙桌稳稳的定在厅房中央，吃饭、聊天、打牌、读报，它都默默注视着。

厅房左边是一个卧室，爷爷生前睡在那儿。卧室左边紧接着一个小储藏室，常年不见光、不透风，又黑又难闻，我小时候特别怕进去。厅房右边还有一间大房子，但常常空着，现在借给大伯家作为仓库使用。厅房后面是厨房，我小时候特别喜欢帮着拾柴烧火，那跳动的火苗在我看来是多么神秘，可以把硬硬的米变成软软的饭。

从大厅左边楼梯上二楼，楼上里间(即右边)是父母卧室，老屋建成后父母住的日子并不多，尤其是搬到城里后就更少回家了，所以卧室一直保持着当年新房的样子，墙上至今还贴着大红的喜字和父母的结婚照。外间是一个大房间——可以作为临时卧室，也放着一些东西。二层还有一个小阳台，可晒粮食，也可冬日晒太阳夏日乘凉。

房子后面是猪圈、柴火房和厕所。老屋背后是座小山，村子就是绕着山脚形成的。原本屋前还有一水潭，现在早已见底。

### 2. 童年记忆

在家待到三岁后，随父母住进城里。当时没有买房子，只能租房子住，所以搬家是经常的。时光飞逝，很多处家的印象都已模糊，偶尔父母聊天时会拾起一些岁月的碎片，但对于我已无法拼起童年家的记忆。唯有最后一处租的房子，由于住的时间比较长，再加上我当时也八九岁了，还残存了一些印象。

整座房子中间是一个小庭院，庭院后面是主人的房子，前面是一大一小两间房。我家就租了最外面的那间大房子；虽然说是大房子，实际上不过三十平米。一进门放着一张桌子，表示饭厅兼客厅；桌子后面摆着一张床，表示卧室。屋子进门处右手边是我家，左边是通向庭院的过道，我家厨房就沿过道而设，过道年久失修，一下雨便会漏水，奏起欢快的锅碗瓢盆交响曲。至于厕所，则是一条街道公用一个，每天早上厕所前排队，不过家家都备有痰盂以防万一。

屋子里的小庭院是我经常玩的地方，至今仍记得院子里有一块类似马鞍的石头，我最喜欢坐在上面，喊着“驾！驾”，乐此不疲，从来没觉得过无聊。院子里的一棵仙人球是我最害怕也最想破坏的植物，每次我小心翼翼拔去仙人球的刺时，房东爷爷都会大喊着冲出来，这时候我便高兴地一溜而去。

街道两边都是平房，大多数租给了外来人。因而住的人来源复杂，做什么的都有，相互间难免会产生矛盾，常能听见两拨人站在街道两头对骂。但小孩子不懂大人的事，全聚在一起玩。我当时还在上幼儿园，就跟在大孩子后面，去钻地洞，去学校偷粉笔，去江边捡烟纸……除了吃饭、睡觉，我很少在家待；即使是夏天炎热的中午，我也不会休息，一定会跑到谁家去找人陪着玩。

我的童年没有营养补品的包围，没有精美玩具的陪伴，没有游山玩水的经历；但我拥有的是一个纯真无瑕的童年，没有被父母锁在家里孤独一人，没有被分数逼迫奔波于各个课外班，没有受到不健康文化的侵袭。那时的我们是多么天真，多么纯粹，又是多么幸福。当我逐渐长大，逐渐懂事，逐渐成熟后，失去的正是这一份天性。那时邻里之间虽偶有摩擦，但关系很融洽。端碗饭从街头串到街尾，每家菜都尝一口，对于住在现代高楼大厦里的人怕是一种奢侈。

去年我试图去看看小时候住的地方，发现都已经拆迁新建了居民小区，只有一处因为是文物而得以保留。斑驳的墙面，灰黑的屋檐，低矮的平房，在周围漂亮的楼房中间显得格外刺眼。我只能在记忆中回到童年，回到曾将住过的房子。

### 3. 十年寒窗

到了正式上学的年龄，父亲把我送进全市最好的小学。考虑到租的房子环境太杂乱，离学校又远， 便在市中心买了一套房子，一直住到现在(图8-2)。家里两室两厅，进门是饭厅，饭厅右边是厨房和卫生间。饭厅往里是客厅，客厅右边是父母卧室，左边是阳台。饭厅的左边则是我的卧室兼书房——见证我12载寒窗苦读的20平米。

在这个家，我住了整整12年。在这个家，我度过了人生最重要的一段学习时光。没有老屋古朴，没有儿时欢乐；这个家的生活紧张而忙碌。

在家的大部分时间里，我都是窝在自己的20平米小天地里，房间里有我需要的一切，学习、放松、写东西甚至心灵疗伤。走进房间，右边靠墙是书架，里面放着我从小到大买的所有杂志、报纸和书籍。我兴趣广泛，读书很杂，书架上各种各样的书一应俱全。上小学时背唐诗宋词，看连环画、小人书，这些书大都被我蹂躏的残缺不全，不过一直没舍得扔掉。初中时迷上了外国文学，记得一部厚厚的《复活》硬是花了一个暑假啃完，那是我第一次读长篇小说，不知当时是怎么想的，居然选了这么一本枯燥深奥的小说。上初中时有一阵央视热播《钢铁是怎样炼成的》，我不仅读完原著小说，而且对小城里不多的书店进行地毯式排查，最后终于找到作者奥斯特洛夫斯基的另一本小说《暴风雨中诞生》。即使到了今天，奥斯特洛夫斯基仍然是我唯一可以说“我读过他所有作品”的作家。到了高中，由外国回归本土，开始大量接触中国古典名著和近现代作品。此时我读书仍然没有任何规律，想到什么就读什么，所以书虽然读得不多不精，但是各家流派基本都接触过。读书对于我已不是打发时间的一种方式，而是生活的一部分，书早已深深融入了我的生命。

房间左边靠墙是我的书桌，现在桌子上只有一盏台灯，寂寞地守着窗外的明月。记不清曾经有多少个夜晚，借着昏黄的灯光，伴着窗外的月光，孤独地面对堆成小山的课本、辅导书和试卷。每当夜深人静，母亲都会端来一杯牛奶，嘱咐一句“早点睡啊”。读书的日子，当时总觉得苦不堪言，眼巴巴盼着早一天结束。然而当我真的快要结束大学生活时，不免怀念读书的日子，简单而纯净。

房间里面放着我的床。除了睡觉，床对于我有特别的意义。不知从什么开始，我养成了躺在床上冥想的习惯。每当我遇到想不通的难题，就会躺到床上，闭上眼睛，让所有与难题相关的人、事都如放电影般从大脑快速闪过。这种方法很有效，绝大多数时候，这样的冥想都能帮我解决问题。

图8-2 城里买的房(平面)

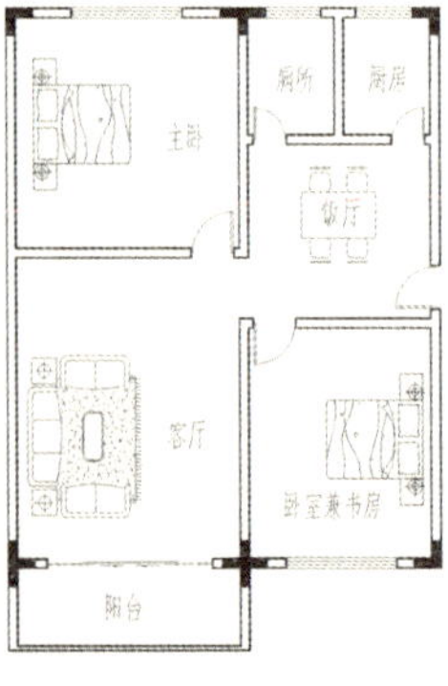


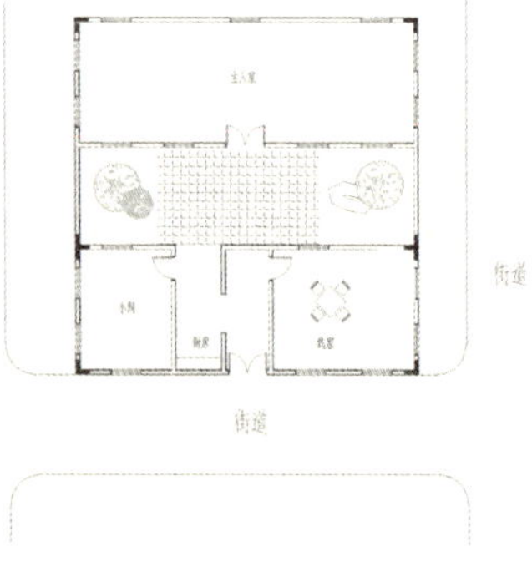


我最喜欢的莫过于，斜靠在床头，手捧一本书，一边品味窗台上飘过来的茶香，一边聆听着窗外的雨打芭蕉声。

在我读书的这么多年里，父母从来不会要求我考多少分，排多少名，上多好的学校。他们既不会辅导我学习，也不会为我买辅导书请家教，他们给我以最充分的自由、最真诚的信任。正是有了如此宽松的环境，我才能读自己喜欢的书，做自己喜欢的事，享受自己喜欢的生活。

2006年，我顺利考入大学，开始漂泊异乡独自生活。父母则开始商量搬家的事，毕竟市中心环境不好，污染太重。母亲在城市住习惯了，想在郊区买套房；父亲似乎想回老家住，打算翻新老屋，屋后的空地可以搭个花园，老来可以种种花、养养小动物。

听到父母的议论，我突然发觉不知何时皱纹已悄悄爬上他们的额头，白发调皮的从发丛中弹出脑袋。父母为我操劳了一辈子，从老家的房子，到一次次搬家，再到特意在市中心买房，一切都是为我考虑。

二十年来，家一直漂泊不定，父母对我的爱却永恒不变……

**编者的话：**本书第二个风水故事，算命先生也可能没有回来邀功请赏。金融系是招生分数最高的系之一。钱中琦在讲住宅故事的同时，捎带着也讲了他的读书故事，或许值得如今的家长们借鉴。不要求分数，不要求排名，不要求上好学校——结果反而上了最好的学校！

钱中琦曾在课堂上给大家讲了8分钟课——介绍岳麓书院。他的有条不紊和热情爽朗给我留下了深刻印象。我想，正是因为父母从小给予的这份信任，才使他始终保持着生活的热情和自信吧。

钱中琦

(金融系，安徽安庆)

# 不情愿的进步

从我记事的时候开始算，到现在，我们家住过五个地方。

1. 纯真年代(1994前)

这应该算是宿舍。家里面的摆设只留下点模糊的印象，有点像电影里面“文革”时期的风貌。因为人小，大部分时间我都是在户外度过的，所以印象最深刻的是户外生活。那个时候户外生活多丰富啊！我住的那个地方，院子很大，围合性非常好，社区感强烈，大家互相认识，同年龄段的小孩子特别多；活动丰富，捉蜻蜓，挖别人家在院子里种的菜，玩藏猫猫，去别人家看电视；无论谁有好吃的东西，都要大家分享。公共厕所在外面，同时还兼做后勤部门的杂物间，破罐破碗，破门破窗，一切破的东西差不多都有了。那就是我们小孩子的天堂。在厕所里捉迷藏，从厕所窗户爬到外面，都是很好的运动。我们都是野孩子，每天在地里打滚，认为荒草是最美好的东西，因为里面有好多虫子。

2. 吃喝的乐趣：30平米，幼儿园(还是1994年前)

可能是因为妈妈的工作时间积累到了一定阶段，待遇提高了一些，我们有了真正意义上的住房了，虽然也是租单位的。住在周围的同年龄段的孩子少了，但是可以去稍微远一点的地方找。我一有时间，就回到第一个住的地方，寻找那里的玩伴。这个住房也不大，比较昏暗，我一个人住一间朝北的小房间，客厅用来吃饭，父母朝南的卧室是主要的活动场所，我写作业也在那里，看电视也在那里，玩玩具要么在那里，要么在外面。父母做饭要到外面的厨房，这样，每天每家做什么东西吃，邻居都看到了。门前有一块地，我在里面施过不少农家肥，蔬菜长得特别好。每到收获，我们家就把劳动成果分给左邻右舍，结果周围都会一起散发出一股炒黄瓜或者炒扁豆的味道。我们家里没有自来水，要去统一安排的洗漱间去洗东西，也要去公共厕所上厕所。我记得有一次夏天下大雨，雨下得又快又急，结果就得打上雨伞到外面洗东西；做饭也很麻烦，得保护好，从厨房送到客厅的时候，不要被雨淋湿了。这段时间过得也很快乐，觉得自己是自然界的一分子。

### 3. 第一次被囚禁：小学至初一(1994～1996)

妈妈评上了主治大夫。我们第一次住楼房，是五楼的顶层，60平米。我也上小学了，上楼很不习惯(图9-1)。家里有了自己的厕所和洗漱的地方，所有的活动都可以在室内完成了，可以很长时间不出家门。这段时间，经常是我回来比家长要早一些，于是我就趴在自家门前的楼梯上写作业。邻居家有人先回来，就把我带进他们家里。他家的孩子，是我小学的同桌，我们两个天天在一起闯祸。卧室很明亮，家里一开窗，就有很大的风吹进来。客厅很暗，家里没多少客人。我的卧室挺大，有写字台。因为作业很多，所以经常闷在卧室里写作业，然后扒在窗口向外看，羡慕外面在玩的孩子。周末我也到楼下去玩，认识一些人。楼下没有自然的土地，都是人工的地砖，我们在上面玩游戏。住进楼房后，爸爸有时会把住在农村的奶奶接到城里来住几天。那时，奶奶就跟我住在一间屋子里，要做饭，收拾家务。

### 4. 开始冷下来：初二～初四[①](1999～2002)

这个时候，妈妈大概已经是副主任医师了，我们家搬进了一幢四层楼的顶层，70平米。那座楼比以前的五层楼要年代久远一点，不过楼上住的都是干

①我们那里的学制是小学五年，初中四年，高中三年。

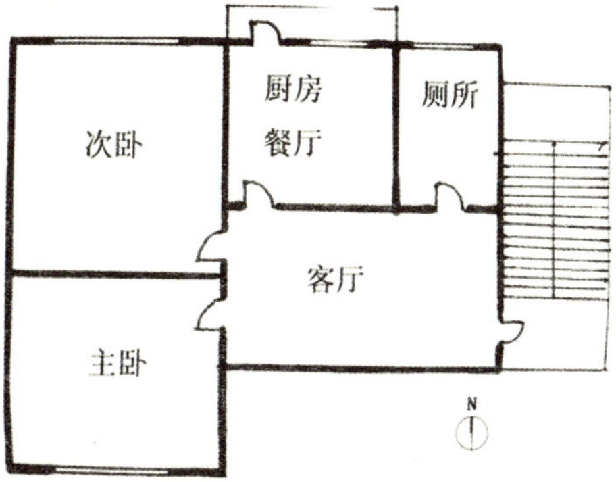


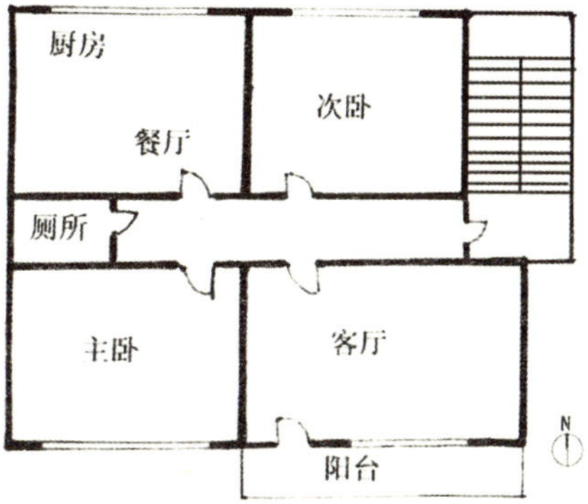


图9-1 五层楼房顶层平面(左)

图9-2 四层楼房顶层平面

部，面积也大一些，是早些年专门为单位的干部和家属盖的楼(图9-2)。我对自己家印象最深的是一进门有一条长长的走廊，正对着厕所。厕所非常小，是个黑房间。走廊两侧分布着客厅、餐厅和两间卧室。我的卧室朝北，父母的朝南。客厅挺大，有个阳台。我的卧室里面还有一个炕，这是让我感觉很新鲜的东西，我以为炕这种东西只能出现在农村，最起码也只能出现在平房里面，想不到楼上也有炕。搬到这里，因为学习压力比以前大了，生活条件也相对好了，所以出门就更少了。即使有时间，也不太出门，更愿意在家看电视。奶奶如果到我家来，就和我住一屋。跟以前住五楼一样，没有集体供暖，而且因为是老房子，窗户是木头的，总是漏风，所以家里到了冬天比当年住在五楼时还要冷得多。我们用宽胶带把窗户封死，在餐厅里面烧炉子。因为我的卧室朝北，阴冷潮湿，所以对白炽灯特别依赖，我写作业就要靠那盏台灯取暖。

**5．最发达，最失落——高一至今(2002以后)**

妈妈做了主任，同时家里有了一点积蓄，我们就在外面买了商品房(图9-3)。我第一次搬出了眷恋的单位大院，住进了有物业管理的商品房，有集体供暖，有空调。这套房子很大，130平米，6楼，顶层。客厅很黑，卧室有三个，全是朝南的。奶奶来了，可以单独睡一间了。我第一次住进了朝南的房间，有阳台。冬天不再寒冷，变成了炎热，因为集体供暖太强烈了，我不得不经常打开窗户。窗户是铝合金的，再也不漏风了。我在那里没有一个朋友，我不知道自己家对门是什么人(可能有一个女儿，也可能有两个；是不是跟我一个学校，我也不知道)。我不能到楼下玩了，没有人可以一起玩，外面也不好玩，全是水泥马路和“小草青青，踏之何忍”之类的标牌。于是，春夏秋冬我都呆在家里。我住的那个小区，规划要住十万人，我们家搬进去的时候，已经有三万人入住了，但恰恰是在那样一个人口密集的地方，我第一次感到彻底孤独。有时，我心血来潮出门一看，外面刚刚下过雨，原来天色已晚，我都浑然不觉。这在以前，对我是不可能的。我的观察能力变弱了，

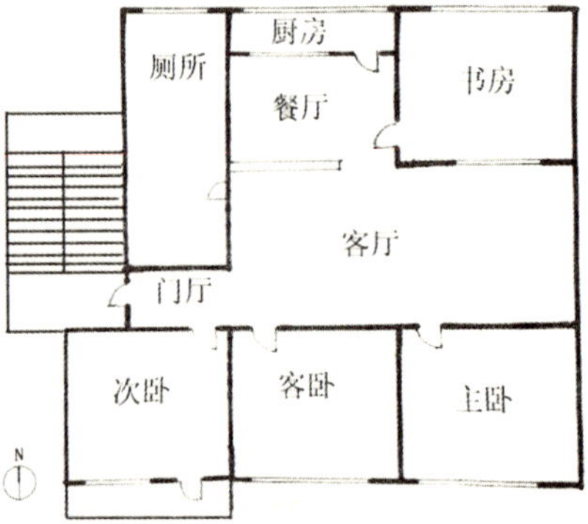

图9-3 商品房的平面

也不愿意仔细观察周围的世界了。

搬过五次家，居住条件每次都提高一个层次，居住面积越来越大。但是这些物质条件上的提高，确实是以牺牲精神享受为代价的。记得有心理学家指出，一个孩子人格的健康培养，与广泛接触自然界的事物密不可分。但是按照现在这样的发展，城市中自然生长的植物群落越来越少，杂草几乎看不见，昆虫种类变得越来越单一，很像《寂静的春天》里面陈述的那样，周围只剩下了人类的声音，自然的声音已经消失了。这种状态下的孩子，放学之后就失去了去野地里面疯闹的体验，缺少了接触自然事物的经历，缺少了了解自然的机会。很难想象，一个不了解自然界的人，会去热爱自然。

网络的发达，让我们过早接触到了很多东西。有很多孩子，本来有机会去乡间呼吸一下新鲜空气，接触一下自然万物，却极有可能因为网络放弃了这样的机会。城市里面的孩子有自己的丰富日常生活，可以去博物馆、展览馆、图书馆、公园之类地方，但这些东西缺少一种亲切感，一种只有自然的土地才能带给人类的亲切感。即使在公园里，也是人工痕迹很重的地方，植物被按照人的意愿修剪，已经看不出自然生长的态势，也不能称之为完全的自然环境了。

物质文明发展到一定程度后，我们恐怕确实要经历一些改变。按照现在的轨迹发展下去，可能会像很多科幻故事里面说的那样，以后的人类除了自身之外，其他任何一种生灵都没见过，因为都灭绝了。但是物质永远都要发展，只是在发展过程中，我们如何去看待日新月异的变化，如何去记忆往日的岁月，这些值得我们思考……

**编者的话：**野孩子能最健康地成长！如今的家长们，就算相信这一条，也绝对没胆量付诸实施了吧。相反，因为婴儿没吃好一顿奶就一家子吵成一团的事，并不鲜见。

我的印象里，王璐是个小个子的儒雅男生，甚至有点腼腆，想不到他对现实有如此强烈的批判精神。

王　璐
(建筑系，山东莱州)

# 从三五二四到华北油田

一直觉得，“住宅变迁史”这几个字与我无缘。印象中的家，一直是一个其乐融融的三口之家，面积不大却很温馨，好像一直没有变过。而一提到住宅史这个词，则让人联想到变迁、发展的历程。

### 1．三五二四中的小房子

我最初的住宅，是在三五二四工厂的一栋住宅楼中，在这里我度过了生命的第一年。我曾一直认为，打从出生起我就一直住在现在的家中，对于这个地方，真的没有什么印象。对于它的了解，是从父母的口中。当我提起这篇文章，父母很认真地对我描述了当时的“家”，因为这是我们家的第一个住宅(图10-1)。

说起三五二四，全称是中国人民解放军第三五二四工厂，那是在承德山区内的一个军工厂，专门生产军用帐篷。母亲那时在这个厂工作，而父亲则在附近的一所学校教书。在这里的家，据父母描述，已经是多层住宅楼中的一个单元了，虽然面积真的很小，只有四十多平方米，但这对于我们一家三口来说，已经很充足了。可惜我对这里却没有回忆，不能记录下在这里生活的点点滴滴。

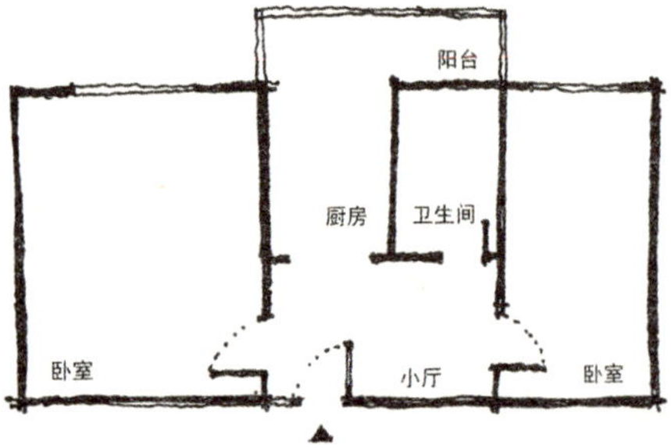

图10-1　三五二四工厂住宅平面

我一岁的时候，随着父亲调动工作，我们家搬离了那个地方。2008年春节，我和父亲去探访我们原来的家。由于离祖父家不远，所以到祖父家过年的我们骑自行车去了那个我们曾经生活过的地方。经过两个小时的骑行，到了这个位于群山中的工厂。

说它是工厂还不如说只是一座废城，这是我对于那里的切实感受。工厂的所有人已经在十几年前全部迁到秦皇岛去了，所以留在这里的，只是曾经拥有的辉煌的空壳。看着整齐划一伫立在那里的一栋栋建筑，不难想象在这里生活的岁月。很想向这个堡垒一样的废城致敬，因为她孕育了我。

父亲调动工作，到了河北省华北油田的一所学校去教书。这里像是一个与世隔绝的地方，很小，小到这里的所有人都互相认识(家属区中总共不到一千人，有时候出门要和所有遇到的人打招呼)。这个地方只有这所几十年来孤零零的学校，据说曾经是一个劳改场，郭小川的《团泊洼的秋天》就是在此写下的。

在这样一个地方，在这样的家属区，我生活了21年。我熟悉这里的每一个细节，也见证了这个地方的发展。在这个地方，在这21年中，我只搬过一次家。

### 2. 60平米的单元楼

刚开始的住宅是一间中单(每个单元一层只有三户人家，正对着楼梯的住宅称为中单，两旁的称为偏单)，在一栋四层住宅楼的顶层(这里的住宅楼多是将近20年前建好的，后来很少盖新的住宅楼，并且由于用地比较富裕，都以三四层为主)。就是在这样一个60平米的房子中，我度过了幼儿园、小学和初中(图10-2)。父母的房间与我的房间分别位于房子两端，中间是一个小小的客厅。客厅的面积实在太小了，小到放置一张饭桌都会感到局促。所以，吃饭的时间一家人总是席地而坐。虽然这样的房间布局很不合理，但父母很满足地住在这里，母亲总是把家收拾得井井有条。顺便交待一下，其他的房子也是这样，因为都是同一个时期建造的。也正是因为家中空间的局促，父母想了很多改善空间的办法，比如尽量购买容量大而不占空间的家具，把电视机嵌入墙中以节省电视柜的空间，等等。

父母的房间比客厅还要大一些，占了家中将近一半面积。因为面积稍大，所以家中几乎所有的家具都摆放在那里，中间则是一张柔软非常的大床。我的房间要小得多，10平方米左右，只有一张很大的写字台和我的一张小床。床是靠着凸出的暖气管道布置(在冬天我总是会被烫到)的，因此在床的边缘留有一段空隙。小时候，这里总

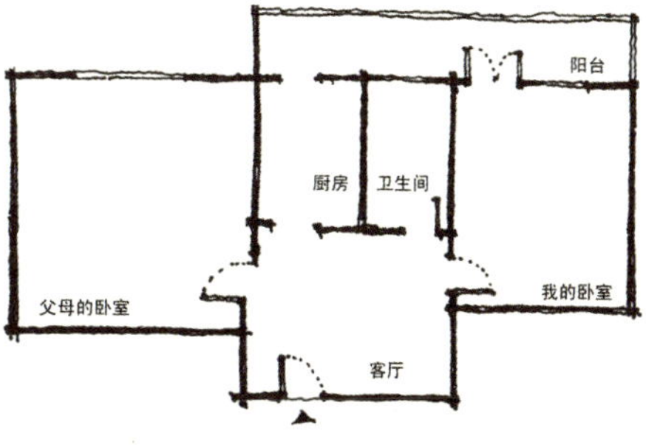

图10-2 60平米单元楼平面

是放着我最宝贵而不愿让父母发现的漫画书。那段时间真的非常惬意。父母很严厉也很爱干净，家中总要做到纤尘不染，所以不论是我的房间还是父母的房间都要时刻保持整洁，丝毫不能有脏乱的迹象。我对于这样的要求总是觉得很多余、很麻烦，然而现在离开家了，倒是很怀念那段时光。

在这样布局的家中，根本就没有什么自然通风可言。两个卧室都是同一个朝向。而且我家住在顶楼，夏季楼顶被太阳炙烤了一天，总是在向屋内慢慢散发着热量。我的房间外面被阳台遮挡，我又总是喜欢关着门，这种情况就更为严重了。后来家中买了空调，装在父母的房间(由于我的房间外面是阳台而无法安装)，到了夏天一家三口人就挤在父母的房间里。

在这个房子中，最为吸引我的要算那狭长无比的阳台了，包裹了厨房、卫生间及我房间的全部长度。有时母亲会抱怨这个阳台占用了过多的家中空间。然而它对于小时候的我，却充满了吸引力。由于阳台实在太长了，父母将它一分为二，一部分与厨房相连，作为厨房的延伸。我房间外那一部分则用来放置家中的杂物。但家中杂物实在不多，就为我提供了一个新的“探索空间”，每天早晨都能在这看到日出，冬天的早晨则去玩弄窗户上的冰花。

虽然很小，虽然很热，虽然很简陋，但这个住宅凝结了我童年时期的所有记忆。

在我上初四(五四制，五年小学，四年初中)的时候，家里失了一次火，所有的墙壁都被烤得焦黑。这个家是无法再住下去了，我们搬到了新的家。这是我们在这20里的唯一一次搬家。失火造成了很大损失，但父母还是坚持了下来，在新的家中开始同样温馨的生活。

### 3. 70平米的单元楼

虽说是搬家，其实只是搬到了隔壁的住宅楼里，相隔还不到50米。新家在二层，是偏单，比原来的房子稍微大一些，面积大约70平米。然而当我们搬进新家时，我已经中考结束了，经过短短的暑假就开始了我的高中生活。高中离家很远，这就意味着不得不选择住在学校里。高中结束后就来到北京上大学，可以说在这个新家的时间真的不是很长(图10-3)。

这个家经过父母的精心修整。进门的客厅并没有比原来的客厅大多少，但父母设法为客厅增加了一张饭桌，告别了从前席地而坐的时代。这时候父母的身体状况也不再允许坐在地上吃饭了。客厅与厨房相连，还是精简到不能再精简的家具布局，父母还是干净整洁、有条不紊地过着每天的生活。

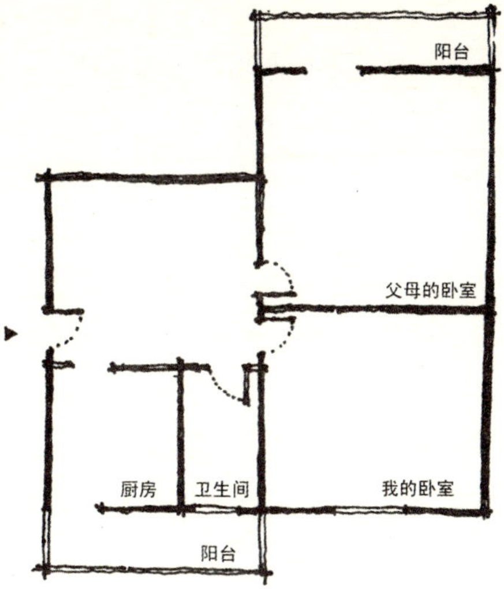

图10-3 70平米单元楼平面

父母的房间还是那么大，家中的家具还是大部分放置在父母的房间中。相对而言，家里多出来的面积主要是我的房间面积。房间大了些，然而家具还是那么多，看着略显空旷的我的房间，心中总是很怀念以前局促空间中的生活。“放漫画的地方”也没有了，这些书现在可以堂堂正正摆放在书架中。与上一个房子不同的是没有了狭长的阳台，取而代之的是两个正常尺寸的小阳台，一个在父母卧室的外面，另一个依旧与厨房相连。

这个家让我感到最惬意的一点，要算它的自然通风了。房子在一栋住宅楼的尽端，同时也位于两栋住宅楼之间的风口上。房间的朝向不同，夏季总是有穿堂风，即使不使用电扇也很凉爽。但我的房间通风依旧不好，仍然闷得很，因此空调安在了我的房间，因为我长时间不在家而总是被闲置。

虽然搬了一次家，但丝毫没有搬家后的陌生感，因为周围的环境再熟悉不过了，周围的人也都认识，在哪里都被一种温馨感包围着。

就在我在外上高中期间，家中又有了变故。父亲因为工作调动要到外地去工作，每两个礼拜才能回来一次，家中很长时间只有母亲一个人。她总是对我说：“感觉家虽然大了一点，却变得越来越冷清了。”所以每到放假我总是第一时间回到家中去陪他们。

这21年的住宅变迁，虽然途中搬了一次家，但感觉像是在同一个房子中呆了21年。可能是因为无论在哪里，家的感觉一直没有变吧。

21年的生活，住宅伴随着我的左右，就像是一个容器，喜悦、悲伤、相聚、分离全部放置其中。我的家用宽广的胸怀包容着全部的我，21年的家中生活已经浓缩了一生与住宅分离不开的情结。

今年，父亲在他工作的城市里买了一套新的住宅，现在还在建造中，2009年就可以搬入新家了。新的房子很大，有140平方米，然而后面的生活以父母两个人为主，会不会更加冷清呢？我在同一个地方生活了20多年，对这里的一草一木，对这里的每一个人都产生了感情，当得知要搬到新家的时候，心里总是有些割舍不下，对新家也产生了抵触情绪。但父母能够幸福地生活在一起，又有什么不好呢。

**编者的话：**不复杂的住宅变迁史，也能写得实在而感人，只要用心去写。陈剑飞的文章就是一例。

三五二四工厂，只有编号，如果不另加说明你就不知道它生产的是军用帐篷。当年为了预防“敌人”的空袭，所有和军队有关的建设项目都按照分散、靠山、隐蔽的原则，选择在交通不便的“安全地带”。对于外面的人而言，这样的工厂无疑是一个神秘的地方，甚至神秘得令人神往：在这里，工人们(有的穿着军装)捧着国家发给的铁饭碗，制造着对国家至关重要的东西。我在农村老家的大姨，就这样跟着大姨父，迁入某瑶族自治县的山区里。然而，只要看过电影《青红》，你就会了解：大山工厂里的人，其实也在渴望着外面的世界。

陈剑飞
(建筑系，华北油田)

# 省会城市

# 我的大家庭

我们家的住宅还是挺伟大的,因为最鼎盛时期，50多平米两房一厅的小屋子里住了8口人。倒不是因为那个时候没有更舒适的大房子，而是我们家人已经习惯了拥挤的空间更方便传递彼此的欢乐。

## 1. 外婆家

这里只好以我的居住处来算，不是奶奶家，不是自己家，而是我们一直住的外婆家，建成历史可以一直追溯到“文革”前。在那之前，南宁市发生了一次历史上罕见的特大洪水，原来的家被冲毁了，外公外婆妈妈姨妈住在临时搭建的棚子里，后来才搬到了这个家。很有意思的是，说起那段历史，妈妈他们都充满了欢笑，说住棚子时发生了什么什么好笑的事情。

这是外公外婆工作的包装印刷厂的集体宿舍，临街，砖混结构，3层楼，中间一条走廊，两边是七八平米的房间，房间尽头是厕所和厨房。每户人家都分到二三间房。我们家就分到了3间，一间外公外婆住，一间是妈妈姨妈睡的上下铺，一间当客厅，但厨房和厕所是公用的。后来我记得小时候看过一个广东的电视连续剧，叫《半边楼里的故事》，当时我就琢磨，我们那时住的房子就应该是剧里说的“半边楼”(图1-1、图1-2)。

图1-1 1984年，姨妈在老屋

图1-2 姨妈和妈妈在老屋

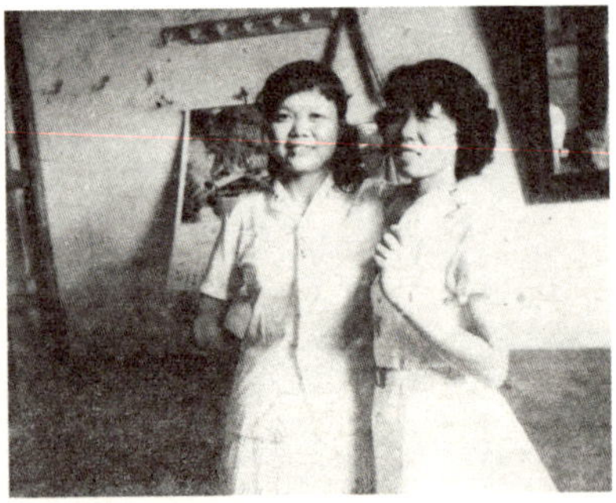

就是在这样基本没有什么隐私的集体空间，住着外公外婆妈妈姨妈，后来爸爸就来了，上门进行搞对象的一切事宜。爸爸的家庭比较富裕，爷爷奶奶家当时就已经是单位分的独立

厨房厕所的四房两厅了，爸爸妈妈结婚时，新房是在奶奶家的。但妈妈怀了我以后，怕娇生惯养的奶奶无法照顾妈妈和我，爸爸妈妈就搬到了外婆家(图1-3是妈妈怀着我在宽敞的奶奶家)。1986年，我在那里出生并度过了生命前三年的光阴。说实话，不可能有太多具体记忆，但是我却很怀念，因为常听大人说那时的生活多么有趣：我的出生给整个楼里带来了欢乐，叔叔阿姨姑姑奶奶都来看我抱我，我也有过和一大群小朋友在街上瞎跑的经历——当然绝对是跟在大孩子屁股后面转的——而且当时还没有什么人贩子的说法(图1-4、图1-5、图1-6)。

图1-3 妈妈怀着我在宽敞的奶奶家

当时外公外婆住一间房，姨妈住到了当客厅的那间房，爸爸妈妈和我住一间房。委屈了姨妈，但姨妈一直很爱我，担负起照顾我的责任。我现在都很佩服我的家人，在今天看来那么艰难下的居住条件下都能那么开心地生活，而且还是在可以选择宽敞的居住条件下。

### 2. 还是外婆家

四岁时，我们搬了一次家。还是在外公外婆包装印刷厂的集体宿舍，但是是7层一梯两户的公寓楼了，我们家分到了50多平米的两室一厅。外公外婆一间房，爸爸妈妈一间房，我和姨妈睡厅的上下铺。生活一下就安静了下来。我们家在6楼，从那时起，好像就不再有和其他小朋友玩的记忆了，自己很安静地一直生活到上大学之前。如今在大学过集体生活，还是很怀念当时自己一个人的安静。呵呵，没有办法。

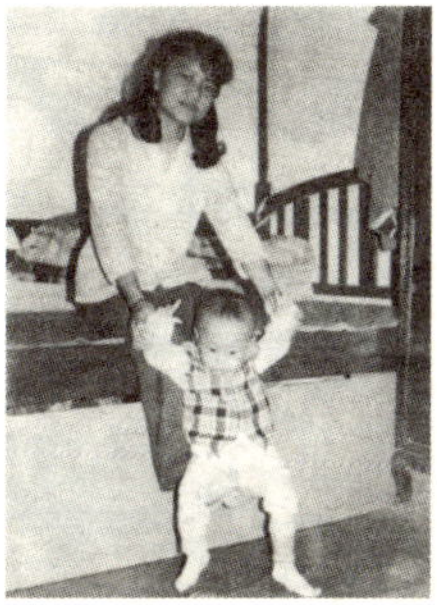

图1-4 我出生后一直住在小小的外婆家
图1-5 4岁，第一次搬家，好高兴啊，我在房间(中)
图1-6 爸爸在客厅(右)

整个楼盘12栋楼，2600套房，首期推出400套房，要预订的买家凭一张身份证买一个号，一个号2万。开盘那天，叫号，抽到谁是谁。我们家用一家3口的身份证买了3个号。当时我在北京，还专门把我的身份证快递回去。

400套房卖出去3000多个号。开盘当日，几千人挤在孙凤岐老师设计的民族广场上等着摇号码。

之前我们家专门请风水大师(这是家庭行为，和我个人无关)帮着在那个楼盘里选过房子，大师选了10套说合适我们家的，我爸爸在这10套里面又最钟意5套。

可你猜怎么着？我们家凭我的那张身份证抽中了，而且中了那5套中的一套。

120多平米，7000元每平米，比当时市平均最高的房价一下子多了3000元。

现在家人都很兴奋，准备把原来的房子租的租，卖的卖，用来供这个房子，然后继续大家庭的幸福生活。

我觉得我们家的住房真的见证了从20世纪六七十年代到21世纪初南宁人生活水平的变化。但是对我而言，它更见证了一点，无论是大房子还是小房子，最重要的是一家人始终相亲相爱知足常乐。我觉得写到这里，对我也是一个安慰。

**编者的话**：在读李杨的这篇文章时，我能体会到她与家人间的深情。同时，它也唤起了我对自己幼年时大家庭的记忆。作为长子兼长孙，我也曾被四个姑姑“溺爱”，尽管当时穷得连肚子都填不饱。说实话，那段记忆在我脑中已不甚清晰，但是在长辈们历年来的反复渲染下，快乐指数似乎在逐年提高。现代社会，随着“业缘”的扩张，许多亲缘关系正在淡化。父母和子女的关系大概仍算牢固，但旁系亲属间的来往，对大多数人来说只怕是越来越少了，因为大家都有太多“重要”的工作要做，有太多“重要”的人物要结交。

李 杨

(建筑系，广西南宁)

# 从15平米到200平米

## 15平米的筒子楼宿舍

我从4岁左右开始住到城市，之前一直在农村。可能是因为记忆开化得晚，在农村的感受记不得了，所以我的住宅变迁史只能从搬入城市开始记录。我的第一个家是爸爸约15平米的单身宿舍，在一个小院子里，有两栋石家庄市委的单身宿舍楼，虽为单身宿舍，但渐渐都住进了三口甚至四口之家(图2-1)。这两栋楼按当时流行的说法可被叫做筒子楼，均为三层，一栋稍新，被称为“新楼”，一栋稍旧，被称为“旧楼”。其实都很破旧了，我们家就住在被称为“新楼”的楼里。印象最深的是，这个小院子的唯一出口，是一条又窄又长的胡同。现在恐怕很难想象，在公园和市委大院围墙夹逼中的胡同里，住着将近150户，四五百人。

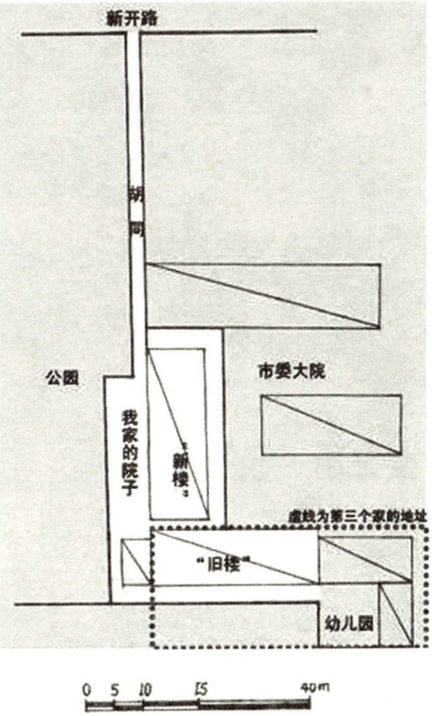

图2-1 市委单身宿舍总平面

因为只有一条胡同作为出口，为了图省事，也为了省钱，我们小孩儿就会经常翻墙去公园，或者翻墙去大院。“扒墙头”成为这里孩子们不可避免的活动。为了在这个狭小的空间里看外面的世界，我们会经常上房顶，反正不高，“屋顶平台”可是难得的开阔地。另外的活动，就是在楼前很窄的院子里踢球或打闹，同时“对付”成排成排被撞翻的自行车，磕伤

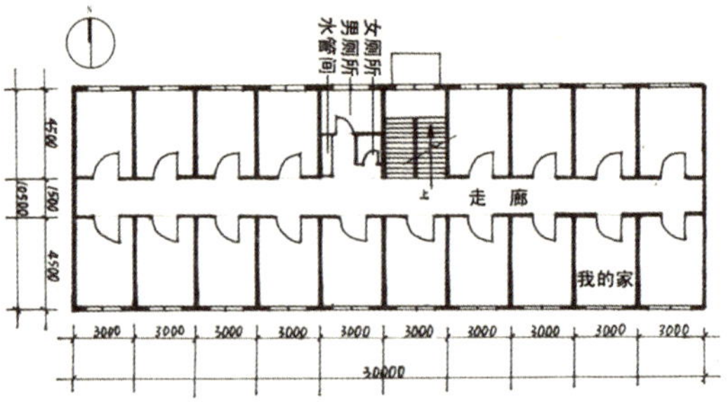


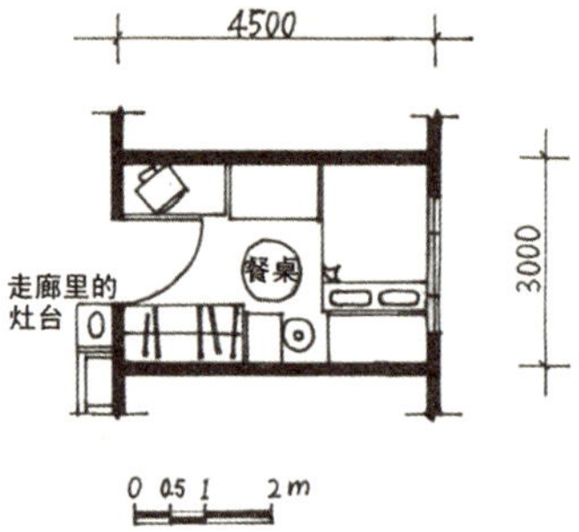


图2-2 宿舍楼平面
图2-3 筒子楼房间平面(右)

碰伤，以及把球踢过了墙头，都是常有的事。又因为我们的活动大多在傍晚，正是院子里幼儿园下课的时间，所以还要与大量的人流“周旋”。

独特的空间不仅创造了小孩儿们有趣的活动，也形成了居民们一种很难得、很亲密的关系。在楼外，大家每天上下班都要经过相同的胡同，真是抬头不见低头见；在楼里，一条走廊连接了两侧所有的小房间，楼梯、厕所、“水管间”都是大家共用的。由于房子太小，每家每户做饭只能在走廊里。做饭时，大人们的说笑声和弥漫的烟气，在我的记忆中还很清晰。后来住进了单元楼，就再也没有这种感觉了(图2-2、图2-3)。

要说隐患的话，现在想想，那是很多的。在我的记忆中，院子里从没有来过汽车，因为进不来，遇到危险时人的疏散就成了问题，更遑论消防通道了。房子很破旧，不用说年事已高的砖墙，不用说经常烧断的保险丝，也不用说因走廊里堆满纸箱子而发生过的着火事件，单说楼里横行的老鼠就够吓人的了。不论何时，从走廊这头走到那头，其间时时会窜出一两只老鼠。大人们捉老鼠时可以一连从楼上扔下五六只……

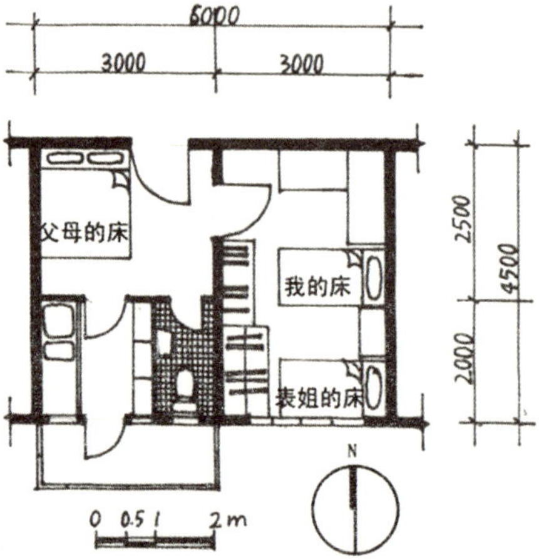


图2-4 在外租房平面

### 30平米的租房

上初中时，筒子楼被拆掉了，在原址上盖起了我们现在的家。出入口也变了，那条胡同被永久封存。后来知道，这就是对危旧房进行改造的拆迁，也算是单位统一的集资建房。拆迁期间，每家要自己解决住房问题，所以在住上现在的房子以前，我们家在外租了一个一室一厅，一租就是两年。这就是我的第二个家(图2-4)。

第二个家虽然不大，但毕竟是单元楼，卫生间和厨房首次进入了“室内”，也有了小客厅、阳台和楼下的小房。由于房子一直很小，在上高中前，我都没有自己的房间。小学时要和爸妈挤在一张床上，初中时有了自己的床，但却和大我七八岁的表姐住一间房。建筑对人的影响在这里至少表现为两点：晚上不学习，因为没地方；我有时不敢一个人睡一间房，因为我从没有自己的房间，而后来又很珍视自己的私密空间。

### 100平米的单元房

第二个家本来只要租住一年的，但我们的新家工期拖延了，两年后我们才又回到了原来筒子楼的地方。这是一栋7层单元楼，我们家房子的面积扩大到了100平米左右，这个家在形式上和中国广大的住宅单元楼没有什么区别了，除了客厅和小卧室几近黑房间而比较昏暗外，便没有了突出的“特色”(图2-5)。

这是我住的最长时间的一个家，有8年。在这里我有一个不算小的卧室，我有了专属自己的电脑和书柜，开始了更加“独立”的生活体验。在这里，我经历了中考和两次高考。因为成绩出人意料地好，妈妈说这房子风水好，将来既不舍得卖，也不舍得租。

现在的情况是，房子是升值最明显的财产，暴发户有相当多是房地产商。而对于一般家庭，能倒腾几次房子，就能使财产升值很多。这对于不是很富裕的家庭来说，后果就是一段时间内的偿还贷款和紧衣缩食。我们家就是这样。正像其他很多人一样，买房、卖房、租房，这期间贷款、还贷、省钱，更新着房子，也更新着自己的账户。

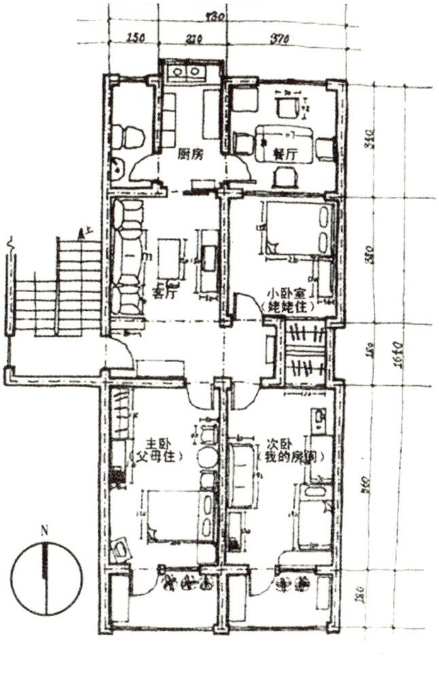


图2-5 100平米单元房平面

### 200平米的大房子

这也算是市委的集资房，不是完

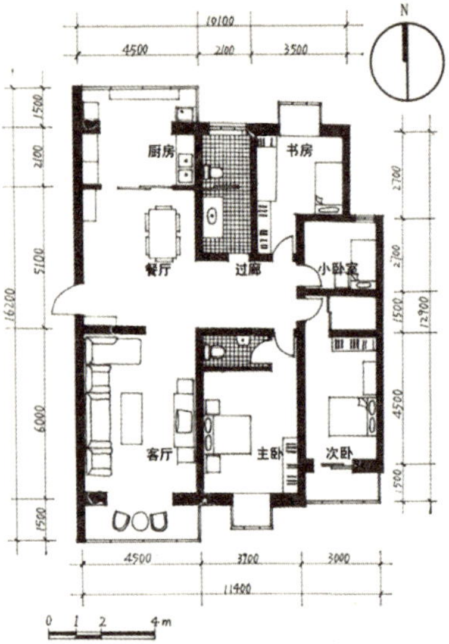

图2-6 200平米单元房平面

图2-7 宽敞明亮的客厅(右)

全的商品房，爸妈像当初买现在的家一样借钱贷款，终于置起了这个最大的家(图2-6)。

这真的是一个很大的房子，有200平米左右。有时叫人难以想象，如今，单是宽敞明亮的客厅就比最早的两个家面积大了(图2-7)。这个房子也反映了住宅和城市的发展。大房子确实很舒服，房子的功能也增多了，有两个卫生间、门厅、书房甚至储藏室；我们家从市中心逐渐转移到了未开发的城市东南角，原因在于市中心人口密度和房价的上升，以及城市发展重心向东南的偏移。新房子离市中心已经很远了，坐公交车要一个小时。这个房子已经装修好，也布置了必要的家具，但一直没有搬进去，就是因为爸妈上班和表弟高考不方便。高考结束后，我们家或许就要又一次搬家了。

原来我的住宅变迁史还挺丰富的，从15平米的筒子楼宿舍到200平米的大房子，从市中心到目前的城市边缘，我们家经历了拆迁、租房、集资、贷款等等与房子有关的事情，也算见证了城市住宅的发展。父母将房子渐渐变大，恐怕自己以后也要这样，也只能从一间很小的房子开始了。

**编者的话**：房地产的力量(或者说魅力)有多大？某日，我和太太不知何故想起来要清算这几年的家庭财务，发现两个人辛辛苦苦加班加点再搭进去不少双休日才挣得的薪水，总数居然远不及手里这套房子坐地起价的升值款。早知如此，还上什么班啊，应该赶紧炒房去！难怪有人说：一旦加入炒房者之列，你就会觉得其他一切事情都索然无味。

如果整个社会都这么想，而且有很大一部分人将其付诸行动，那将会有怎样的后果？别的不说，光是这么多人无法安心本职工作造成的社会损失，就无法估量。

李广龙
(建筑系，河北石家庄)

# 住宅的“乡土化”

要写这篇文章之后，开始想自己搬过几次家，细数一下，呵呵，不少，已经有六次了，很多次，其实也算不上搬家，只是从公司家属楼的这层楼搬到隔壁的那层楼，或者只是搬到更高的楼上。

对于搬家，有什么样的感觉呢？搬家，对于自己来说，不仅仅是忙碌，还有些心里的触动。

**1．关于搬家——丢弃与保留**

搬家，是空间的变化，可又不仅仅是空间的变化。从一个熟悉的地方，搬到一个陌生的地方，仿佛是对自己生活经历的一次整理。

在一个地方生活久了，会留下各种物品和信息。搬家在某种程度上就好像是检查一下，有哪些东西值得带走，有哪些值得保留。

那些看起来不起眼的东西，没有搬家时，它们静静呆在家里的某个角落，我们已经把它们遗忘了。搬家时，我们又发现了它们，有一种重新回到过去的感觉。而且，这种感觉不会因为时间很久而陈旧，反而因为曾经遗忘而新鲜。但是，随即你必须做出决定：是丢弃还是带着它们进入一个新的地方，一起开始新的生活。

当我搬完家，整理完我的物品，才会发现，值得带走的以往的生活回忆其实并不多，很多东西都可以扔掉，而当初保留它们时，总有一种侥幸的想法：也许将来还会用得上呢？为了这种也许，你的生活便有了太多累赘。不搬家的时候，它们其实已经慢慢退出了你的生活。当我们搬家时，重新考虑这些东西的价值，才发现，很多事情，经过了时间的挑选，已经完全变了面孔。

### 2. 关于“住宅”——生活的乡土化

住宅，作为一个特别的空间，当它发生变化时，带给我们的是周围环境的感受变化。从一个住宅换成另外一个住宅，就是把自己从一个熟悉的环境带到一个不熟悉的环境。就像“乡土”一样，我们离开自己已经完全适应了的环境，包括“乡土性”的家，“乡土性”的邻居，“乡土性”的交流人群，这些都是我们生活场景的“乡土化”。当我们脱离了这种乡土化后，会经历一个比较痛苦的过程，从完全陌生、到逐渐熟悉，最后到完全融入，是一个环境转变的过程。

可以说，像所有同龄人的成长经历一样，我的住宅不断变化，我的生活环境也在不停变化。在这种变化中，我们的生活水平不断提高，我们的物质水平不断提高，我们所能掌握的空间也越来越丰富多彩。但是，在这种表面的变化中，很多东西渐渐变得模糊，渐渐离我们而去。

或许，别的建筑形式的改变都不能给我们带来很大影响。但是，住宅不同，因为住宅的变化总是与我们的成长紧密相连，每一次住宅环境的改变，都代表着我们的成熟。在这种成熟中，也不停地带上了我们成长中的点点滴滴。所以，住宅的变化才会显得这么重要。至少在我们每个人的记忆里，是这样。

所以，住宅带给我们的，是一个最熟悉的环境。如果把我们的所有环境当作“建筑环境”，那么我们的住宅就是我们的“乡土化”建筑。对于住宅，我们并不会特别在意这种建筑形式的外观、流派，而更多的是这种建筑形式里面包含的意识层面的东西。这种意识层面的东西，包含我们的记忆，还有在这个“乡土化”环境里面的亲情，以及家庭气氛所带来的长期积累下来的东西。这些东西，都不能依靠表面的东西表现出来，而是深深根植于每一个居住者的心里。

这非常像我们的乡土建筑。如果单纯地说这些建筑的实用性，可能在某些方面比不上很多“新式节能住宅”，但并不能因为这种实用性，而取消某些乡土建筑存在的意义。因为乡土建筑存在的意义，绝不简单体现在这些方面。作为一个存在了几百年甚至上千年的建筑形式，它们所承载的是一个地区的文化。这种地区文化就像我们关于住宅的记忆一样，是不可能被取代的。我觉得，这也是乡土建筑存在的意义之一，正如我们的住宅一样。

图3-1 奶奶家的平面

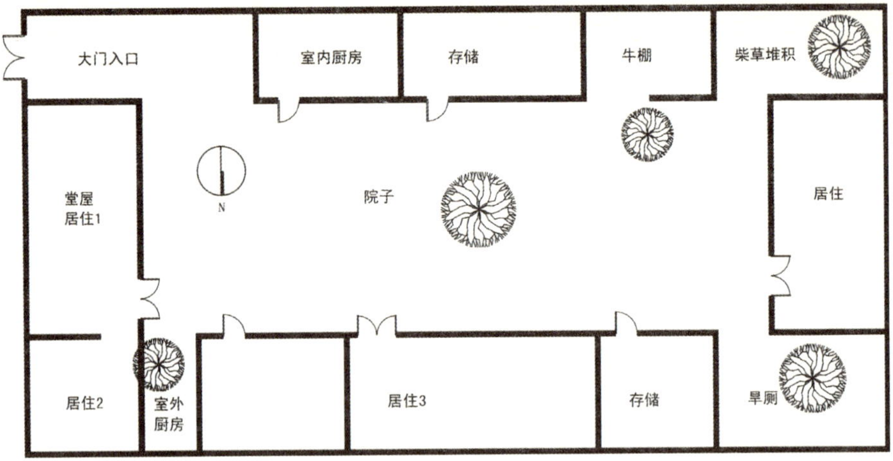


### 3. 成长的记忆

(1) 童年里的院子、老树、旧宅

在8岁以前，我一直住在农村的奶奶家里(图3-1)。由于父母工作的原因，我一直生活得很自由。我觉得，这一段时间里的住宅给我留下的感受最快乐。记忆最深的是那些老房子，很大很老的树，以及这些东西围起来的院子。在这个院子里，留下的是小时候淘气、玩耍的种种情景。

去年，利用假期又回了一趟老家，看到曾经住过的房子现如今已有些破烂，周围还有些老人在晒太阳。曾经，我就是在他们的目光中长大的，如今他们都已经老了。跟这些人聊起来，说起这里的居住条件：没有上下水，没有暖气，墙皮也因雨水冲刷早已泛黄裂缝。新建的一些房屋，条件好了很多，但旁边其他老宅子里的老人们则说，房子再破也不愿离开这里。因为院内曾经的鸟语花香，邻里之间的深厚情感，都是他们深埋心头的美好记忆。

确实如此，对于这些房屋，可能明年或者后年，就要全部被拆除了，但这里曾经留下的记忆，确实很多很多，不能简单地一笔勾销。

图3-2 乌鲁木齐的筒子楼平面

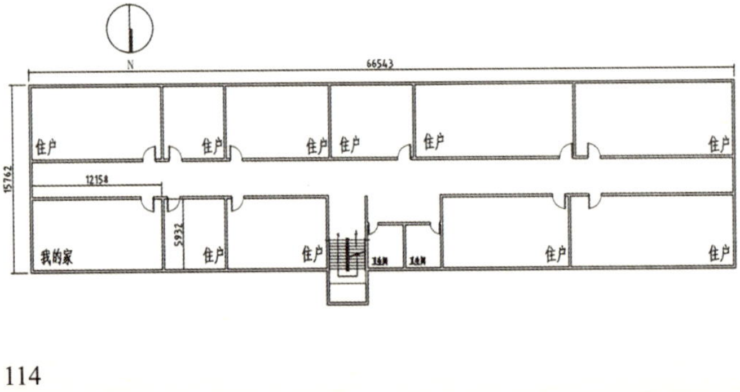


(2) 少年时成长的楼道、慢慢地成长

1995年，我随父母搬到在乌鲁木齐的房子，就是那个时候中国最“流行”的筒子楼(图3-2)。筒子楼留给我最深刻的印象，应该就是它里面黑黑的、长长的楼道吧。在这个楼道里，

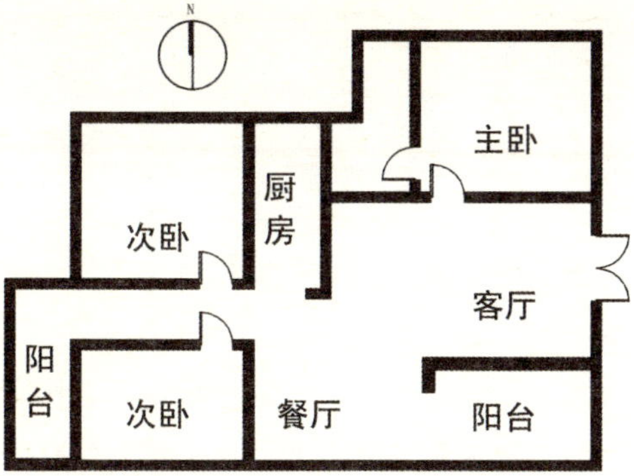


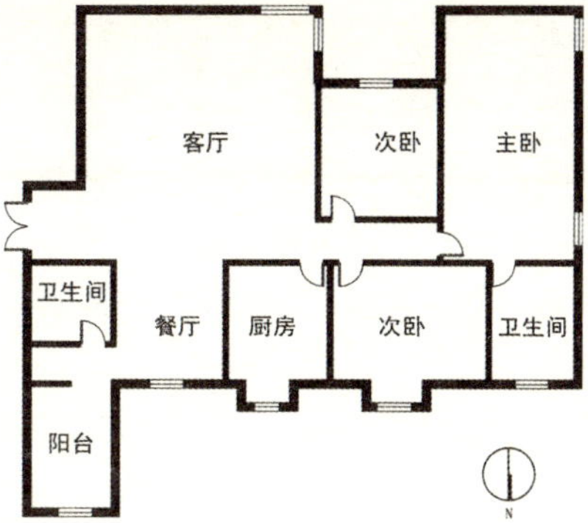


图3-3 公司家属楼住宅平面
图3-4 现在的家平面(右)

我常常跑来跑去，到邻居家里串串门，蹭点好吃的东西。

在这样的住宅环境里，我感觉到人们之间的关系很紧密。楼里面住的都是父母的同事们，所以很安全，“信息”交流的程度也很高。

一条狭长的走廊，两侧一溜儿排开的单间，与时下都市化住宅楼里“对门不相识”的封闭情形相比，虽然拥挤、简陋，但几十年来邻里关系却很融洽。住在这里的居民们相处得就像一个大家庭，谁家有个大小事情需要帮忙，邻居们能办的就不用找外人帮忙了。

后来，我离开了这个筒子楼。楼里面原来的住户，陆续也都搬走了。但直到我去年路过这个地方时，那栋楼还在。进去看了看，人早已不认识了。不过，那时的邻居们虽然离开了筒子楼，还是会通通电话，仍然牵挂着那栋楼。祝愿每个在筒子楼生活的人和曾经在筒子楼生活的人：一生平安!

(3) 过渡时期的家、变化的家属楼

上初中时，我们家搬进了公司的家属楼(图3-3)。那几年，我们家搬家的频率比较高，平均每两三年就要搬一次，其实每一次搬家动作都不大，无非是从这个楼搬到那个楼，甚至有时是从这一层搬到那一层。当然，房屋的平面都很相似，面积变化也不大。在这样的不断搬迁中，感觉还是挺新奇的，虽然只是小小的换了一下居住环境，但每一次搬家都能感受到环境转换带来的乐趣。

(4) 现在的家

我们现在的房屋购于2002年，是公司买下后优惠卖给公司职工的(图3-4)，有80多平米，感觉上，和所有现在的住宅差不多。买这个房子的时候，我上高一，姐姐上高三，家里面四口人，感觉还是挺充实的。后来姐姐大学毕业工作了，而我也离家到清华上学。放假回家跟老妈聊起来，她开玩笑说，早知道你们两个都不经常在家里住，就不买这么大的房子了！确实如此，现在家里面，平时就爸妈两个人，曾经有些拥挤的房子如今已经显得有些空旷了。这就是家——真正变化的不是空间，而是居住在其中的人。

这就是我的住宅变迁史，以及我对住宅、对家的一些理解。

住宅之中，变化的，不是大小、不是风格，而是居住其中的人，以及对住宅的感觉。

**编者的话：**王昆的这篇文章，给我留下较深印象的是他对住宅“乡土化”的感想——“我们的住宅里，并不会特别在意这种建筑形式的外观、流派，而更多的是这种建筑形式里面包含的意识层面的东西。”之所以用了“乡土化”这个词，大概是因为我在课堂上强调过乡土建筑的价值不只在建筑这层壳，还在于建筑背后的社会文化意义。

但也有同学这么看：老房子的生存与灭亡，自有其“客观规律”，对此我们无需“干涉”，尤其是犯不着费那么大劲去“干预”。持这种自生自灭论者，人数大约不会太少——顺其自然嘛，总不会太错。

王昆的观点，也许在一定程度上是对自生自灭论的反驳。住宅是有意识层面的东西，那就是文化。对于人类而言，文化就是灵魂。没有文化的人(或者说民族)，基本上可以说不能归入“人”的行列。因为人的寿命有限，所以文化的存在和积累离不开传承。传承文化的媒介，有传说，有书籍，也有建筑、绘画等。建筑、绘画的寿命也是有限的，尽管可能比人的寿命要长。为了让文化更好地传承，有必要让人活得更长寿，也有必要让建筑、绘画存在得更长久。这是文化遗产保护这门学科得以存在和发展的前提。这时候，就不能顺其自然，不能由其自生自灭，而是要运用人类的智慧，尽可能阻止其自生自灭。

温家宝总理提到博洛尼亚大学的断壁残垣时说，那是一种精神，一种美德！

王 昆

(建筑系，新疆乌鲁木齐)

# 生长在校园

## 住宅1号

我的祖籍是陕西西安，上大学前我也一直住在西安。我的父母都是西安一所大专院校的老师，他们1985年开始在那里工作。因为是双职工，学校为他们解决了住房问题。

我在1986年11月出生，那时候父母的房子是一套简单的两居室。由于我们当地的经济主要依靠附近一个大型国营化工厂，所以，在学校没有时间和精力自主盖房子的时候，便会让青年教师住在化工厂的职工家属区(我们叫“行政区”), 中年教师和老教师才能住进学校自己的家属区。我的第一个家在“行政区”的79号楼。那是一栋三层的住宅楼，在苏联专家帮助建厂的时候建成(很老)，外观风格都是苏联式的。共有三个单元，每单元九户，共二十七户。我们家在二单元三层的东户。

这个住宅有一大一小两间住屋，以及厨房、厕所，总共大约70平米左右，我记不太清楚了(图4-1)。

因为是化工厂集中供暖，所以冬天屋里非常暖和。记得小时候我不小心坐在暖气包上还被烫过屁股。因为是顶楼，所以夏天非常热。开着风扇也不舒服的时候，妈妈就在大屋墙边上搁一个洗澡盆，把我放在里面泡着玩水和一些塑胶鸭子之类的东西，一下午过去才好一点。晚上有时还会不睡床而睡地板(没有蚊帐，蚊子很多)。

我们用开水要去楼下的一个水房打，洗澡也要去公共浴室。厨房的燃

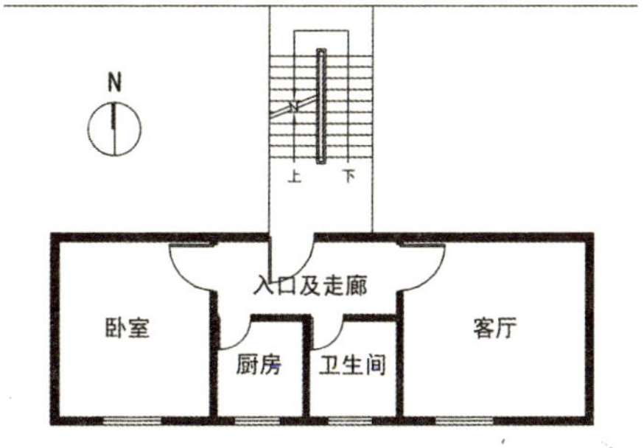

图4-1 行政区79号楼住宅平面

图4-2 学校家属区六号楼住宅平面

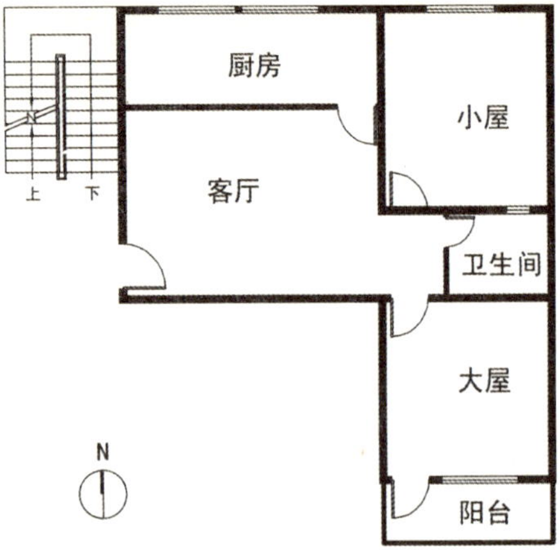


气由化工厂的天然气管道供给，非常方便。后来搬进学校家属区就再没有这样的条件了。

房子没有阳台。我们家洗衣晒被子都要拿到楼下街坊间的空草坪上。那个行政区绿化面积很大，治安也很好。等我长大到可以下楼自己玩的时候，经常在各家晾着的被子中间穿行，还和小朋友碰掉过别人的被子。因为一栋楼的住户少，楼前的公共活动空间又很大，所以邻里间关系很好。妈妈加班时会把我寄放在楼下一位奶奶家里(我还记得我们单元一楼的奶奶家后院种了一株很大的桃树，在我家都能看到，我一直叫她“桃树奶奶”)。后来家里请了保姆，也经常带我去别人家和小朋友玩。那时认识的小朋友到现在都是很好的朋友。

**住宅2号**

在我上小学那一年，也就是1992年，父母单位新盖了一栋住宅楼，也就是学校家属区的六号楼，我们很幸福地搬进了新家。这些房子的买法是自己出钱加上学校的公积金，同时考虑我父母的资历。按这样的方式，我们住进了六号楼二单元的五层东户。

这是个很普通的板楼，三个单元，六层，每单元十八户，共五十四户。由于这栋楼建在当时家属院的最边缘，所以在我们家的楼上就可以看到院墙外当时还是一片翠绿的农田，视野相当好。

这个住宅两室一厅，各屋都不大，总共大约有九十到一百平米。大屋后面带一个小阳台，能俯瞰全院其他底层家属楼。客厅和厨房之间用隔断隔开(图4-2)。

我在这里度过了六年小学时光。由于搬进了大家属院，小朋友多了好多。同时，我还拥有了自己的房间，它虽然面北，但朝向广阔的田野，可以看到大自然的阴晴变化，经常让我在晚上看书时产生无尽的联想。夏夜还有许多青蛙的叫声。我还有了自己的大床、书桌和琴桌，很幸福。爸爸妈妈也有了自己的空间，我们的生活在客厅产生交集。虽然后来我们家的房子变得更大更漂亮了，但我觉得在解决生活问题上，这个房子更加合理。我们已经可以用太阳能热水洗澡了。自己在楼顶上装一个大水箱。当然冬天还是要去学校的浴室，开水还是要去楼下的水房打。开水是免费的，每天爸爸妈妈上班的时候都要带着水壶，放在学校门房，回来时带着开水吭哧吭哧上五楼。当时院里每家都这样，是一种在现在想来很可爱的风景。学校里没有管道燃气，我们开始用液化石油气了。那时买石油气罐还没有送货上门的服务，每次都是爸爸把它扛上来，充分说明学校让青年教师住高层的决策是多么英明。

### 住宅3号

当我升入初中二年级时，也就是1999年底，学校又盖了新宿舍，这便是我一直住到现在的家。我们从五层搬到了十号楼二单元一层的东户。这还是一个板楼，不过多了很多现代化的气息，六层，三个单元，每单元十二户，共三十六户。北面之外五六米便是家属院院墙，其外是一条人流不很大的道路。南面有家属院的栅栏，我们这栋楼与学生大操场隔栏相望。由于我们家现在搬到了一层，所以后门和院墙之间多出了一个小院子，让生活丰富了一些。

这个住屋有三室两厅，外加厨房厕所和一个南向长阳台(图4-3)。一下从六层搬到一层，感觉采光比原来差多了。但人气多了些，经常会看到爸爸在客厅的飘窗旁一边给花浇水一边和路过的同事聊天。从这里还可以一眼望到学生操场，很开阔的视野，而且也给了我们很多锻炼身体的机会。这时我已经长大一些了，会和同学在操场上玩。冬天学生们都放假回家了，我和爸爸妈妈在里面堆雪人，觉得操场上未受践踏的雪都归我们，真幸福。这次四川地震，陕西也受到影响，父母学校的学生和住在上层的老师们都搬到操场上睡了两天，只有我们家和少数几个住在一楼的住户没有离开家，据妈妈说住在操场上的人们倒是经常来家里要些毛巾、水之类的。

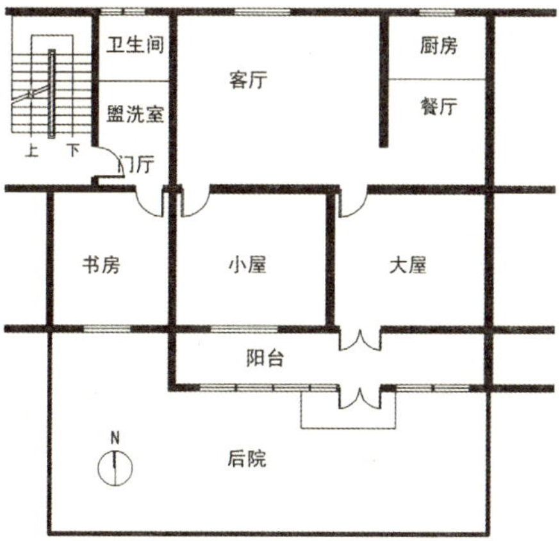


图4-3 学校新宿舍楼住宅平面

有了小院后，一向懒惰的爸爸有时会在后院侍弄那些仙人球之类即使不浇水也不会死掉的花草，妈妈也能在阳台洗衣服的时候照顾一下爷爷给的珍贵植物。在我们住进去之前，后院有一株很大的桐树。我最喜欢学习累了的时候隔着窗子看看它，想想鲁迅先生的那句“一棵是枣树，另一棵也是枣树……”，再想想要不要再种一棵的问题。秋冬季节它落了叶子，很大很大的桐树叶子，“一叶知秋”的那一种。我会把它们收集好，堆放在墙根，等着它们化作春泥。

这个房子里我们有学校的集中供暖，还装了空调，已经算是冬暖夏凉了。装了太阳能的热水器同时还有电热水器，不再去外面打水了。液化石油气也有了送货上门的服务。一切都便捷起来了。如果说这个住屋还有什么令人不太满意的地方，就是它的平面设计不太好。两个卧室沿着客厅的南面向它开门，私密性较差。每次周末睡懒觉时，来了客人我都要灰溜溜地穿过客厅去洗漱，非常不方便。不过，总的来说我们的住房已经和生活非常协调了。

这就是我的住宅变迁史，我的小小幸福生活。希望它还没有结束，希望在父母的有生之年我能让他们住进更加舒适宜人的住屋，享受人世间的美好。

**编者的话：**幸福得让人嫉妒的童年和少年！幸福之源，在于知识分子待遇的不断提高——怎么到我当知识分子的时候，这些好待遇都不见踪影了呢？

范冬阳
(建筑系，陕西西安)

# 生活的阶梯

住宅之于我，好似绕了一大圈又回到原点。我出生在西安一所大学的一间小小的宿舍里，现在住在清华四个人一间的集体宿舍。其间，随着爸爸妈妈搬过五六次家。搬家的原因总得来说有两个，其一是经济条件的改善；其二就是为了方便爸妈工作和我的学习了。

住宅是家之所在，每个房子都承载着我们一家人之间的爱与关怀，充满着一家人生活的喜怒哀乐，累积着一天天柴米油盐的平凡生活。这里虽然谈的是“我的住宅变迁史”，其实也是“我的成长史”。犹记得在学校宿舍里的咿呀学语，单元楼里的启蒙教育，乡村别墅的忆苦思甜，大山里的亲近自然，复式楼里的刻苦攻读……

住了一圈，现在的我又住回出生时的那种宿舍了，奋斗的历程才刚刚开始。

## 简单・一眼到底的一室宿舍

有关这段时光的记忆都是由爸爸妈妈的讲述和照片拼凑起来的。当时爸爸在读博士，妈妈和他一起住在宿舍里，是那种筒子楼，进门一眼就可以望到底的那种典型的一居室，卫生间和厨房都是几家共用的。1990年我出生后就一直住在这里，住了两年。听妈妈说，会走路后的我常在楼道上乱窜。一个楼层里住的都是爸爸的同学，大多数都还没有孩子，他们都喜欢拉我去他们家玩儿，回家的时候还会塞给我很多糖吃。我想这可能是我小时候胖胖的根源吧(图5-1)。

图5-1 我最早一居室的家

宿舍的缺点和优点都一目了然。一家三口住在一个狭小的空间里，室内没有卫生间和厨房，十分不便。而且，宿舍也让各家的隐私无法得到保证。当然，宿舍生活也让我得到了许多来自亲人之外的关爱，让我小小年纪就拥有了这么多大朋友，邻里间的关系也都十分融洽。这样的邻里关系，在之后的住宅变迁过程中基本不复存在了。

**方便·三室一厅的普通单元楼**

爸爸开始正式工作了，我们家搬进了一个六层单元楼，每层有两户，我们住六楼。按照从进门开始由内而外的顺序，一进门，右手是一间卧室，再往前走是一个开阔的大厅，厅的左三分之二是客厅，右边三分之一是餐厅，餐厅右手边是一间厨房，最里面是主卧室，旁边是卫生间。

其实，类似这样的单元楼，我们住过很多次。三室一厅，四室两厅等，大同小异。当然，我并不喜欢这种排排相同的单元楼。我曾经想，要是我不记住我家的楼门号，我一定找不回家。但是这种单元房就好像现在越建越高的建筑一样，它们的最大功用就是在尽可能节省的空间里塞进更多的人。结构相同的住宅就好像宾馆的标准间，每次走进宾馆都有种似曾相识的感觉。说到这里，我想说说我理想中的旅馆，那就是每间房间都有不一样的感觉，可以根据楼房的外形划分内部结构，每进去一间都好像来到了不一样的地方，可以是古典的，现代的，简约的，欧式的，日式的，中式的，海滩风格的，丛林风格的，甚至是那种仿工厂风格的，等等。最重要的是给旅客一种家的感觉，房间里的摆设不要是假花，可以是一盆仙人掌，几个可爱的新鲜苹果，一个涂鸦艺术品……作为理想主义者的我，写下了这些难以实现的主观愿望，愿望而已……

**自然·田野里的整栋“别墅”**

爸爸的学校有一个研究中心，在西安郊区有一块大约20亩的地，这片地被一圈矮矮的围墙围住，中心是一片正方形的草坪。春天和夏天，草坪上会摆两个白色的秋千。在秋千上无忧无虑荡着的时光，是我最快乐的时光。草坪后面就是我住了大概一年的“别墅”。那是一座两层的白色小楼，外形呈长方形，二楼是一个大大的阳台。虽然这座房子有很多间房子，但当时我才上小学，不敢一个人睡，于是我和爸爸妈妈就住在一个大房子里。屋里并排摆着两张床，一张大床，一张小的，中间隔了一个大立柜。也就是说当你走进房门的时候，是看不见我的床和书桌的。这个大立柜是我最爱的家具，因为它隔出了一个完全属于我的个人空间。当时的我喜欢在面对我的那面大立柜背面贴一些喜欢的画，挂各式各样的照片，心情好的时候会随手用记号笔在上面画上几笔。这是我第一次拥有自己的个人空间，虽然只有小小的几平米，但关于它都是充满欢乐的记忆：从床对面的小窗看出去，围墙外是一片一片金黄色的麦田，更远处有星星点点的农家小院……我和爸爸在院子里放风筝，飞到好高好高的风筝线突然断了，掉到了外面的麦田里，于是我和爸爸就在比我还高的麦子丛中穿来穿去寻找……围墙内，房子脚下是一块块妈妈种的花草蔬菜。这段难忘的生活让我知道，原来辣椒的花是白色的……(图5-2)

图5-2 在所谓的“别墅”的院子一角，我和爸爸干农活(最爱的一张照片)

房子坐落在西安郊区，方圆几公里只有几个小村子，那些小村落应该都属于乡土建筑的范畴吧，原来我那么早就已经见识了乡土建筑的魅力了。

### 清新·山脚下的教工宿舍

又不得不提到爸爸的学校了。它建在丰裕口风景区，依山傍水，是我去过的最好的避暑胜地，离西安市区大约有40分钟车程。爸爸妈妈为了工作方便，搬去教工宿舍住。我在市区里上学，平常住在奶奶家，是那种标准的单元房，周末爸妈来接我去和他们一起住。

说起这个教工宿舍，其实和一般的单元楼没什么区别。最大的不同就是外部环境的不同。住在这里，房子不大，我房间的窗子与离我最近的那面青山只有十几米之隔。在房间里就能嗅得到山的味道，听得到水流的声音(图5-3)。常年呼吸着城市中浊化的空气，我们的肺早已“浊气层层”

图5-3 在风景区的学校，教工宿舍就是建在那样一个大环境里。出镜模特：弟弟

了，但在这里，你会明显感到空气质量的提升，而且一提升就是好几个级别。这里的空气带着山的清香，水的清澈，还夹杂着纯纯的乡土气息。

现在的房地产公司在给楼盘打广告时，总是特别强调外部环境。但无论是拥挤在高楼大厦间的几片绿地，抑或是楼前的几件运动器材，都无法与这样一个纯天然氧吧相比，“跋山涉水”是马上就能做到的事。在这里，没有商店，没有操场，没有餐厅，但我拥有大山，拥有溪流，拥有空气，就好像拥有了一切美好。

**喧闹·闹市区的高层空间**

搬进这样一套住宅是不得已之举。我知道爸妈做出这个决定是为了家人考虑：我上了中学，学业一天比一天紧张了；奶奶那时候也刚做了一个大手术，我再住在爷爷奶奶家是不行了。很快，我们就住进了一栋装修好的高层建筑中，就是那种经过统一装修的新房子，也就是说整栋大楼的基本装修一模一样，想想就觉得可怕。妈妈置办了几件基本家具，我们就住了进去。这套房子具备当时我们家最需要的素质：它离我学校近，也是一个方便爸妈上班的交通方便之处。

高层住宅能够塞进去的人是一个单元楼的好多倍。早上上班，电梯永远爆满。记得有一个夏天的傍晚，整栋楼停电，然后，基本上整栋楼的人都下来乘凉了。天啊，楼下的中心花园里简直就是摩肩接踵！而且，在乘凉的人群里，我基本上找不出一个熟悉的面孔。

这就是拥挤在城市高层狭小空间的基本生活方式：快速，方便，却拥挤而陌生。住在这里也有优点，就是每逢过年过节放烟花你总是能找到一个角度绝佳的窗口去观望。

**宁静·花园小区的复式住宅**

这是我家现在的住宅形式，我估计十年八年内是不会换地方了。至于我们家为什么从上面的高层搬到了这里，我又要说可能是为了我。交通方便处必然嘈杂、热闹。而且，当时住在那里也只是当作紧急情况下的过渡。爸爸妈妈的事业一直在我刚说的那个风景区的学校里。这几年，他们的学校在西安市区里有了新校区，于是工作中心也随之转移。我就是在这套房子里度过了高中最忙碌的一年。爸爸妈妈真的很不容易，给我最安静的房间。这里安静，当然交通就没那么方便，爸妈在我高三这一年基本上天天都接送我上下学。这种复式楼层最好的地方，就是两层分别是一个独立空间，家里来了客人，爸爸妈妈也总在楼下招待，给我最完整和安静的个人空间。楼下有花园，羽毛球场等，环境比闹市区的高层建筑好的多，可以说这套房子完全具备一个有高三考生家庭环境的全部需求。尽管它还是比不上我心中那个依山傍水的地方。

既然是复式楼，房子里就有楼梯。这个暑假，我将楼梯一面的墙壁布置成了一面“照片墙”，用花花绿绿的镜框装着家人不同时期的照片(图5-4)。这墙上，留有妈妈大学参加歌唱比赛时的青涩，印着爷爷奶奶夕阳下散步的幸福，洋溢着全家人欧洲行的激动心情……每次上楼时往日幸福的瞬间又再现心头。几张照片使得原本空落落的房子多了几分生机，几分温馨与甜蜜。

图5-4 现在我家的复式住宅一角，转交楼梯和“照片墙”

我的住宅变迁史就这样像流水账一样记录了这么多。如果没有这次文章，我不会又找回这么多美好：在楼道里乱窜的记忆，麦田里疯跑的记忆，给辣椒施肥的记忆，关于青山味道的记忆，倚窗欣赏绚烂烟花的记忆，在空调房里安静的考前复习的记忆……

每一段住宅变迁史就有一段难忘的回忆。写着写着，就好像把过去十八年的岁月又重新审视了一遍。每一个小小的住宅里都发生了许许多多的故事，其中的真味，如人饮水，冷暖自知。在我心中，住宅就是家的象征，我感动着爸妈为了给我一个家的感觉而多次搬家，他们没有让我一个人在中学的时候就住进学校的集体宿舍，排除万难也要大家住在一起。

感谢老师让我又找回了十八年中未曾细细品味过的记忆。

**编者的话**：又一个西安的幸福女孩！“幸福的人都是一样的，不幸的人各有各的不幸。”胡蝶和范冬阳，除了在清华园里学的专业不一样，别的经历似乎很相似，尤其是都有如此善于养育孩子的父母。

胡 蝶

(新闻系，西安)

# 宅兮，爱之所倚

宽敞的道路上留下了我的身影；
高高的楼房中也有一处属于我的地方；
在简单的线性迂回间，我的宅记平凡而美丽。

住房是人们生活中不可缺少的温馨港湾，即使你走到天南海北，即使你富贵发达，这处没有多大地方的家也会让你有一种萦绕心中的留恋和牵挂。我想每个人的一生大都会搬几次家。搬家各有原因，但其中更多的是一种期望，一种满足，或许还有一种时代阔步前进的豪情。作为80年代出生的我们，有幸与父辈一起见证改革开放几十年来我国住房风起云涌的变化。我们亲身经历的时代进步将成为我们成长道路上无与伦比的财富。

于我，短短21年平凡的住宅变迁经历同样浓缩了几代人的回忆。线性的路径对应着线性的变化，即使有情感上的迂回，也是动人的(图7-1)。

### 古巷情怀(1987～1990・1993～1996)

1987年是联合国“安置无家可归者年”，即“国际住房年”。就在这年八

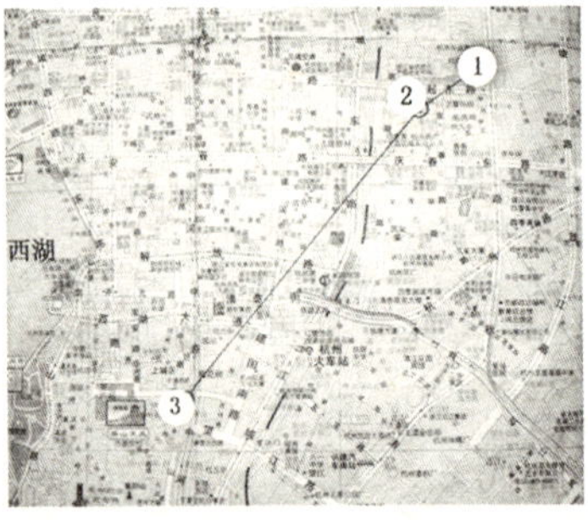


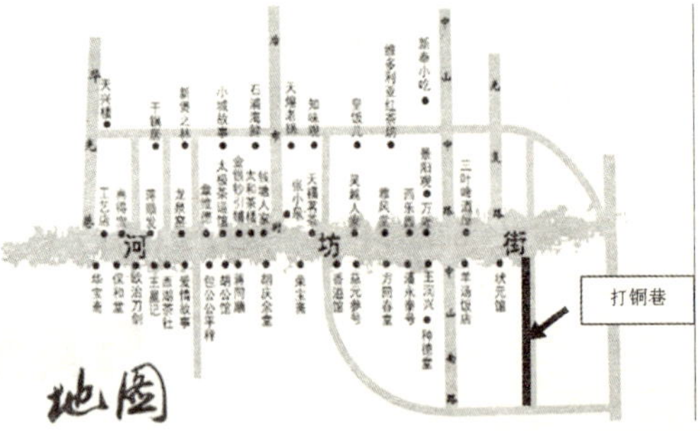


图7-1 住宅迁移图
图7-2 打铜巷的位置(右)

图7-3 打铜巷(左)
图7-4 老宅(中)
图7-5 外公亲自加工的铜锅

月，我幸运地拥有了人生中的第一个港湾—— 于是，“摇啊摇，摇到外婆桥，外婆请我吃年糕”，成为童年最真切的写照。

我的外婆家静立在杭州最有名的历史街区——河坊街的打铜巷(图7-2~图7-4)。这栋两层木结构小楼据说是外公27岁时用多年积攒下的三两黄金(当时可买15石大米)买下的“李元盛铜锡器作坊”(1950年是打铜巷55号，后来门牌改为68号，直到现在)。勤奋好学、秉性耿直的外公自己开铜器作坊加工铜锡器，养家糊口，1958年公司合营前常年雇佣有六七个工人。他亲自为胡庆余堂加工的几口熬制膏药的铜锅(直径40～50厘米)，至今还放在杭州胡庆余堂中药博物馆内(图7-5)。

老房子不大，只有60多平米，却凝聚着三代二十几口人对家最温暖的回忆。我三岁前的生活早就只剩下朦胧的印象。真正使我对外婆家产生浓厚情感的是在爸爸调外地工作3年中我的古巷生活。

老屋有着超过80年的历史，是民国时杭州典型的民居，现在的厨房是后来加建的(图7-6)。外婆家在打铜巷一带小有名气，因为外婆是几十年的老裁缝，平时在家中经营拷边缝纫的小生意。为此起居室的入口(图7-7)处放着一架拷边机(图7-8、图7-9)，方便对外服务。每天晚上停业后这就变成了我的专用写字台。起居室中间的饭桌很大，足够平日家庭聚餐用。我和妈妈的卧室是起居室和楼梯之间的半开敞小间，其实只有一张床，一个矮柜而已。老屋没有专门的卫生间，仍然靠原始的马桶解决问题。沿着木楼梯走上二楼，西边紧邻露台的大间是舅舅一家的卧室，东边是外婆外公的狭长房间。外婆家的露台很宽敞，有顶篷遮阳避雨，除了晒衣晒被，几十年来先后加建了水池，淋浴房。天气好的时候我也爱在上面看书。

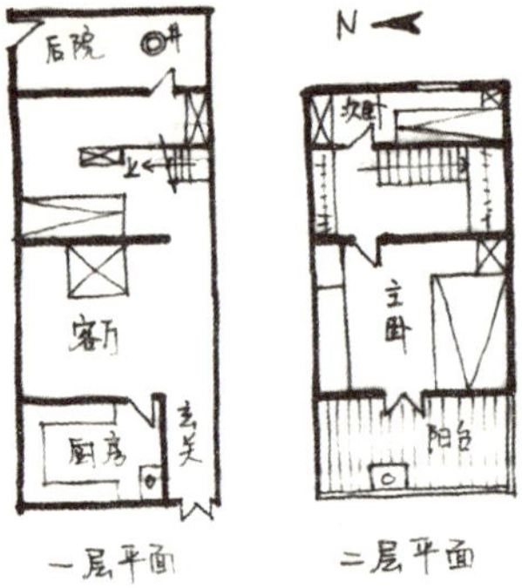

图7-6 打铜巷老宅入口(左一)
图7-7 老宅平面
图7-8 从玄关看起居室(左三)
图7-9 楼梯间(右)

打铜巷的民居有独栋小楼，也有几户共用天井的合院，但大多世代为邻，所以大家亲如家人，平日里串串门儿，话话家常是再习惯不过的事。特别是夏天的傍晚，各家在屋里屋外泼水消暑，老人在藤椅上纳凉闲谈，小孩们穿着裤衩跑来跑去，一派温馨的场景，好不热闹。

小巷的生活颇有自己的规律。从巷口飘来的生煎香味儿暗示着一天的开始，傍晚粪车铃声响起，夜里有更夫“天干风燥，小心火烛”的呼喊。日子就这么一天天过去，闲适而平静。

老屋给了我一个快乐的童年，因为小巷的生活总是充满了变化与惊喜。即使后来搬回到自己家中，外婆家仍然是我周末的好去处。然而2001年，杭州市政府将河坊街改造为仿古旅游街的举措，也让古巷的前途一片茫然。统一的明清样式，昂贵的商业服务导致古街不古，特色不特。居民们有的开始考虑外迁，有的则准备死守祖宅，总之再也无法回到那曾经充满活力的日子。2004、2005年外公外婆相继离世，老屋终究逃不过因河坊街二期开发而被拆除改建的命运(图7-10)。也许从此我们只能在记忆中缅怀老屋，但只要一想到它曾经真实的存在过，就仍然会觉得幸福。

图7-10 河坊街
图7-11 华家池35号院平面(右)

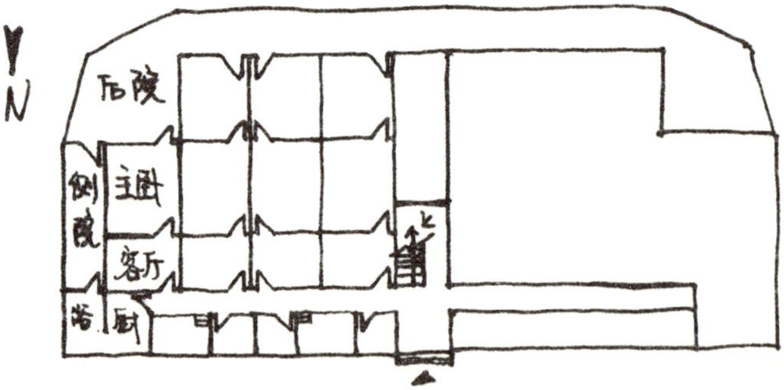

### 院中·邻里(1990～1993、1996～1997)

位于华家池35号的老家，是1985年爸妈结婚前单位分配的，属承租性质，月租金5元。每户一室一厅一厨，面积约31平米，院里有公共厕所(图7-11)。由于当时国家住房紧张，所以分房条件非常严格：必须为领取结婚证后的双方职工均有城镇户口(若一方属农业户口，则只能分单间住房)。

华家池老家留给我的回忆，应该是从葡萄架下的夏天开始的。那几年一到夏天，后院满目葱郁，午后绿荫里的惬意驱散了阵阵暑气。邻居们甘愿冒着被蚊虫困扰的烦恼，在凉椅上小眠。鸟笼里，鹦鹉们无精打采地梳理着羽毛。而瓜架上，丝瓜、黄瓜、苦瓜，极尽缠绵姿态盘绕而上，它们怎会错失这博得主人欢心的大好时机？各家经过一年辛勤的经营打理，终于盼到了收获，看着成串紫溜溜的小葡萄在头顶摇摇欲坠，自是喜上眉梢。当然欣喜之余，也常会骄傲地互相攀比，共同品尝。

由于我家占据着首层最东边的一间，所以极其幸运地多分得一个侧院。侧院虽小，却蕴育有无限生机。特别是那株年年硕果累累的无花果树，是激发我对自然科学最初兴趣的源泉。现如今要想在城里拥有一庭半院，必是非富即贵。所以对于当年的我可以如此便利地在家中接触自然，现在想来尤为怀念。

在这种集体公寓性质的住房中长大的小伙伴们总是情同手足，那种童年的纯真友谊在大院里荡漾。晚饭后，由家长们带着在院里追逐嬉戏，欢声笑语充满每一丝空气。记得梅雨天一到，由于大院排水不畅，从院门口到楼底很快就水漫金山，贪玩的伙伴纷纷拿出自家的大澡盆和凉衣竿，一队一队比赛“划盆”，当然偶尔还能给回家的妈妈们解围，于是获得几句称赞。

记忆里华家池的老家承载着太多浓浓的亲情、友情，只可惜那种家人般温暖的邻里感觉此后甚少体会过。1996年，政府将凤起路延伸到贴沙河东面，为了杭州的新城市规划，华家池35号在一片惋惜声中消失了。

### 平静的过渡：1997～2000

为了华家池35号大院住房重建的拆迁安置， 1996年爸爸单位在秋涛北路新建了一幢职工住房(图7-12)。我们家又分到一套二室一厅、双阳台的经济适用房，面积约55平米(图7-13)。在考虑职工双方工龄，支付几万元后，房屋的产权归私人所有。

图7-12 秋涛北路住宅外景
图7-13 秋涛北路住宅平面(右)

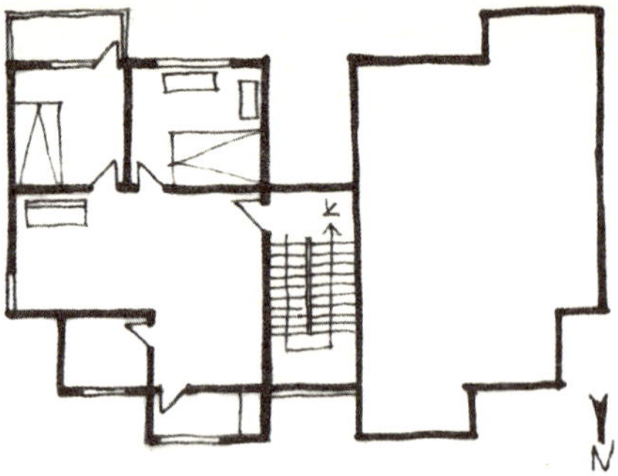


其实新家离华家池的老家只有5分钟车程，由于只是过渡性居留，于是爸妈决定自行简单地设计装修。也许是因为地段偏僻，我们在秋涛北路的生活出奇平静，上初中的我每天早晨骑车半小时从城东赶往西湖边的学校。两点一线的生活波澜不惊，除了绕城公路上不时呼啸而过的那些货车。第一次住进这种单元式住宅的我开始感到孤独，离家回家总是单独面对冰冷的洋房与空旷的花园。与华家池老家相比，新家同样是大院，同样有偌大的公共空间，甚至更整洁更干净，但我却很少体会到那种邻里交往的热情。除了偶尔回家门看见对门的阿姨出门买菜，有时我甚至怀疑邻居的存在。也许是由于对华家池的怀念，这三年新的生活中我无时无刻不渴望回到以前的生活。

新家的新可能只在于表面，但至少代表着世纪末国人的住房风潮——在经历过几代集体生活后渴望拥有强烈的私密性。不容否认，时代和社会在进步，但我想这也是人性情感的退步吧。

**重归华家池**

2000年，期待已久的华家池35号新住宅区终于完工了。除了基地南边的一幢楼作为商品房抵价给建筑公司外，其余住户都是爸爸单位的同事。就这样，大院又有了从前熟悉的微笑与问候(图7-14)。

在交还了原住房并支付6万多元后，我们终于又拥有了自己的房屋产权。三室一厅的新家面积比十几年前扩大了两倍多(图7-15)。改造后的华家池35号果然比以前气派多了，粉红色的墙面粉刷在绿树掩映下格外亲切。然而最大的变化其实莫过于“物业管理”的进入。专业保安代替了曾经的值班室大爷，保洁人员的认真工作让脏乱差的环境彻底远离我们的视线。我们的新住房再一次见证了当下社会大众对住宅的关注从硬件向软件的转换。

这十几年来，杭州城区不断扩张，原来属于城市边缘的华家池现已成为炙手可热的黄金地段，房价年年上涨，从3000元到5000元，从5000元到10000元。周围成熟的社区环境让我们这些老华家池人都赞叹不已。每天傍晚，熟悉的场景再次出现，老人，小孩，宠物共同构成了一幅充满浓郁生活气息的画面。社区文化的大力发展填补了彼此交流的空白，在这里，我仿佛又看到了老华家池的精神与魅力。

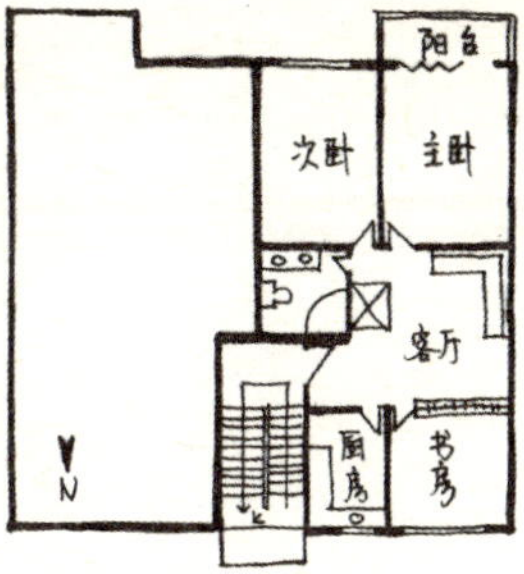


图7-14 华家池35号新住宅区(左)
图7-15 华家池35号新住宅区住宅平面

我的宅记就此进入了美丽的完结，当然未来怎么样，还无从得知，但可以肯定不管在哪里，生活始终会幸福地前进着。

**编者的话：**打铜巷引起了我极大的兴趣，因为这里有城市里的乡土聚落，也因为李奇文的外公曾经为胡雪岩的药店打造过熬药的铜锅。鉴于打铜巷的老屋已经拆除，李奇文的这段回忆便有了特殊的意义。

出于改善生活的需要(甚至打着“人道主义”的旗号)，大批“非文物保护单位”的历史建筑被拆除。那些有幸没有被拆除的，也多半不得不经受因功能改变而带来的种种“改造”。我们至今无法接受历史建筑的核心价值是历史信息这条原则，因为我们没觉得保存历史信息是关乎后代们学习知识的大事。

李奇文
(建筑系，浙江杭州)

# 住宅变迁史就是城市的扩张史

## 小时候·室外场景

很小的时候，住爷爷奶奶家，在浙江农业大学的校园里。完全记不清住宅的格局，儿时的尺度感知是微小而失真的。在奶奶家的沙发边摆上两张椅子，就可以构筑出自己设想的悬崖峭壁的世界，扮演武侠英雄。房间闷闷的，光线和色调都是如此，最强烈的印象就是沙发和床。五六层的住宅，规划好的校园。对生活的感知更多是在室外。奶奶常带着我在校园里逛，桑树林旁、试验田旁、鱼塘旁、网球场旁都有我们俩的足迹。抓起西瓜虫玩，看到迎面而过的黑人留学生说“hello”，捡网球场边上的破网球。

外婆家就在不远处的建电新村。那时爷爷家去外婆家的路上都是农田，我骑着刚学会的自行车，老是陷到农田的泥里，要爸爸拔出来。田里有一些破破的房子，小路上有歪斜的电线杆和黄黄的小路灯。这么多年来唯一对于农田时常接触的记忆，就是在这一段来来回回的路上。

## 少年时·阳台天空

后来爸爸妈妈有了自己的房子，在运河边的市府宿舍里。依然是新规划的小区，两室一厅的房子，一直有我们幸福的生活。客厅和卧室差不多大，经济而实用。爸爸用喷涂的黄漆给白墙带来了一种新的质感，至今我还很喜欢。从那时起，我就成了窝在家里看书的乖乖女，每天都坐在客厅里我的小书桌前，开心地写着作业，耳边是爸爸炒菜的声音。

那时没有一起玩的小朋友，写作业写累时就捧着爸爸买的皮球在阳台上拍。居然会和另一单元家的小孩和奶奶在阳台上聊得开怀，相约每天傍晚相见。后来慢慢长大了，自己占据了那间有阳台的房间，捧着书站在阳台的门前

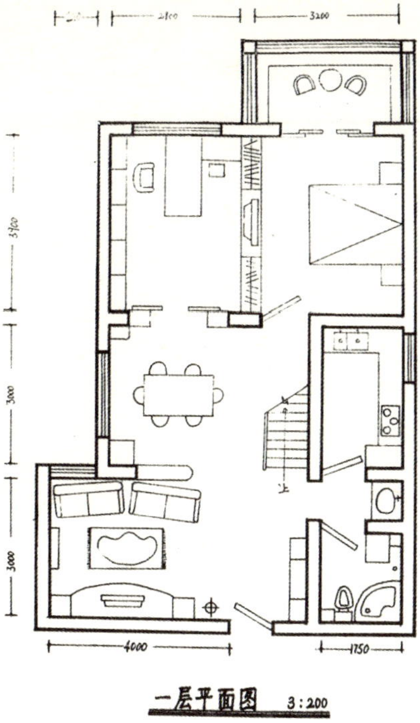


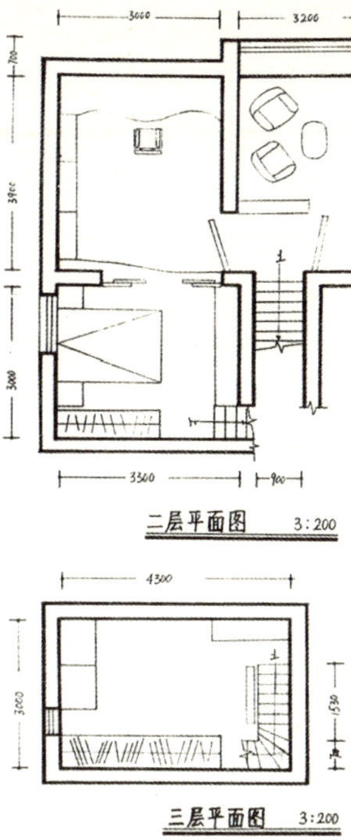


图8-1 住宅一层平面
图8-2 住宅二、三层平面(右)

望着家家户户的灯光，设想里面发生的故事。坐在阳台上看天看对面的楼发呆的日子，我少年的日子。

### 花季雨季·阁楼光阴

15岁那一年，我们搬入了现在的家，11楼，一百三十多平米的跃层式(图8-1、图8-2)。阁楼里是我的书房和卧室，爸爸特地给我设计成和式风格，适合读书，适合修身养性。每天放学我放下书包在小区里跑步。此外，就在自己的书房里写作业看书，书房上的天窗里夜晚撒下月光，白天有光线变换。在阁楼里，我有了属于自己的世界，美妙的人生。

回顾自己的住宅变迁史，发现自己经历了城市的扩张，眼见了城市周边地带成为城市内缘地带。儿时的记忆里有一种奇异的混凝土情结：看着爷爷家和外婆家之间的田间小道渐渐成了水泥路，在刚刚造好还没有通车的斜拉索桥上放风筝，心里有说不出的兴奋。然而，就在这逐渐消失的绿色里，我忘却了田野的味道，忘记了牛的模样，忘记了手工的生活方式。这是一种生活在城市化扩张时代的城市少年不自觉的心理倾向。城市化的时代里作为主攻方的一员对于乡土的感觉是淡薄而松散的，而本质里总有一些作为“侵略者”的得意。

永远跟不上需求的停车位，侵吞了绿地。住宅永远都是在超越时代需求的目标下经历反超。这里有最为直接的供求矛盾，反映了最新的社会需求，还有广大居民对于现状的巧妙改进。

当我生活中的自然世界从爷爷家和外婆家之间的路，缩减到阳台，再缩减到天窗。我开始对自然丧失了情感，丧失了记忆。住宅小区里的自然，终究是设计过的自然。于是，明白没有建筑师的建筑的伟大和不可或缺。

**编者的话：**又一名杭州的同学，但不在西湖边上，关于住宅的经历似乎也要简单一些。不过，正是因为居住在(曾经的)郊区，戎筱反倒有机会亲眼目睹城市化的扩张步伐。

“侵略者”的比喻很形象。在打胜仗的时候，侵略者是很少会想到失败的。等到失败的苗头显露时，可能所有努力都已太迟。

戎 筱
(建筑系，浙江杭州)

# 什么是好住宅

对比了一下其他一些同学的故事，我忽然觉得自己好像有一点不太一样！我从来就没有住过那种很舒适的平房，大部分时间是在楼房里居住。但我觉得楼房的生活也并不差，甚至比许多住平房或一层的人要舒服。

**1．最早的房子**

刚出生的时候，我家的房子跟罗老师家最早的房子平面是一样的，也特别小，才十几平米，却住了我们一家三口和爷爷奶奶，条件特别艰苦。房子临街，外边直接就是三轮车站。一到凌晨五点，开始营业的三轮车就使劲发动，把我妈妈吵醒了，害得她至今落下一个凌晨失眠的毛病。不过，喜欢来我们家玩的人特别多，因为奶奶做的海南粉非常好吃，也因为住平房，来家里方便，逛个街顺便就到我家坐坐了。

**2．三层楼房**

对家里最初的住处我完全没有印象，只知道那里很窄，还让我妈妈老是失眠。从我记事起，家里就搬到了一房一厅的楼房里，住三楼。房子平面很普通，最大的好处是南北通透。其实这一点在海南非常普通，只是在寸土寸金的北京变成了奢侈。印象最深刻的是房间的厅里大白墙被我画满了铅笔画，中间是个每天都被我加工一次的机器人。因为楼下没有活动场地，我基本上只能在家里玩儿，所以家里的墙就遭了殃。

**3．二层楼房**

后来上了小学，家里搬到了现在的三居，在二楼，也是南北通透，住到现在快20年了。而且老房子越住越有感情，都舍不得搬。小学时院子里同龄的小伙伴经常到楼下大操场上玩游戏，印象最深刻的是一个叫“解放台湾岛”(又名“解放海南岛”的游戏)，其实是一个类似“一二三木头人”的游戏，但融入了赛跑的元素，所以需要很大的场地才能玩儿。到了过年还有好多小伙伴在一起放烟花。那段时间是我童年中玩得最疯的时候。

比较这三个住宅，我觉得住得最舒服的是现在的房子，因为楼层条件好，室外活动空间也大。在海南不像北方，北方人觉得住平房接地气，那是由于北方气候干燥。南方很潮湿，一接地气可能风湿就来了。海南人要是遇上单位分房，最好的楼层是第三层，因为够高，有风，不那么犯潮。一层一般最差，就是因为最潮湿。住宅的良好条件除去住宅本身的布局外，还跟其位置是否与当地气候适应有关。

然后再说到邻里关系问题，我觉得可能受到两个因素影响。一个是人之间是以什么方式联系起来的，一个就是人发生关系的场所有没有给人提供交往的机会。在我住的几个地方，前两个是因为大家以比较密切的业缘关系结合起来的，所以交往不错。我现在住的小区，除了大部分人因为业缘关系而成为邻居外，还有一些是买了二手房的外来者。这两类人能认识甚至熟识，就是因为院子里能提供交往的机会(比如夏天一起乘凉)。要是在没有公共活动空间的小区，大家又不存在业缘关系，交往的机会就不多，不能形成良好的邻里关系。所以，住宅的良好条件还跟室外活动场地有很密切的联系。

其实找房子就像找老婆，人家看着好的大美女不一定最舒服，自己看着好的能体贴你的人才最重要。现在有许多楼盘推出五花八门的主题，进行令人眼花缭乱的装修，但很可能这些东西都不是触及住宅“诗意栖居”的本质原因。真正好的住宅，还是要在平淡的生活中能够让自己舒服的房子。

**编者的话：**如果算上我本人，课堂上一共有四个海南人！“解放台湾岛”太好玩了。我出生时体弱多病而后来体育成绩甚好，估计和小时候老玩这个游戏大有关系。

海南岛的住宅最怕接“地气”。黎族人民的住房，底下那层只用来养牲口。可见“汲天地之精华”的说法至少在海南岛是不成立的。什么是好的住宅？科学的评价标准首先不是建立在“哲学”的基础上，而是实实在在的生活细节上。

蒙宇婧
(建筑系，海南海口)

# 海南的科研之家

我家位于海口市城区，父母都是科研人员。从1985年我出生至今，一直居住于父母工作的科研机构的职工住房中。从1983年我父亲任职而分配得到的第一套房子以来，至今已更换过四次住所，是改革开放后中国普通住房变迁的一个缩影。由于没有留下什么图片资料，现仅凭记忆回顾如下。

## 1. 青年宿舍

1983～1990年，即从我父亲到单位任职到我五岁年间，我们家居住于一间约30平米的青年宿舍内。这宿舍是当时单位为解决青年职工的住房问题而建。据父母描述，该楼为长条外廊式，就像海南省许多学校的学生宿舍一样。一道长长的走廊贯穿所有的单元门口，到了夏天整条外廊上都是乘凉的人。在这种建筑模式下，邻里关系相当融洽，因为住户经常会在外廊上碰面，到傍晚还有邻居几个在外廊打牌聊天。我小时候也颇受过许多隔壁大叔大妈的照顾。相对的，这种建筑的私密性想必相当差。

1990年后，父亲单位有自建房，按工龄分配，父母由于都在本单位工作，合计工龄达到了标准，得以迁入一栋4层住宅的三房一厅居室，面积约70多平米。这是我出生以来居住的第一套套间，属于90年代初较典型的热带区域住宅，有开敞的阳台和较小的进深。客厅面积较大，但厨房、卫生间等都较小。母亲在阳台种植了大量植物，那是我儿时的一片乐土。另外，阳台与隔壁邻居的阳台相邻，晚饭后两家甚至可以坐在各自阳台上互相聊天。

## 2. 第一次集资建房

1995年父亲单位房改，变成了集资建房。父亲当时已是干部，又比较年轻，便可以优先得到这个名额。因为年代与1990年相去不远，新家的建筑结构和布局方面并没有多大改观，就是面积变成了80多平米。由于当时海南的房地产热潮已经在泡沫中逐渐没落，该房子价格很低，折掉单位负担的部分，也还合算。这套房子比上一套有了一个小变化，即阳台面积变小，不再与隔壁相接了。

### 3. 典型的“第二代”住房

2001年父亲单位再次集资建房，这次就已经赶上了逐渐有了苗头的新一轮房地产热潮，变成了“买房”。除去单位福利负担的部分外，家里还要负担一笔不小的费用。这套房子面积110平米，已经是典型的“第二代住房”了，拥有较大的卫生间和厨房，餐厅也是直接采光，布局规范合理。窗户终于由木框扇形窗变成了铝合金推拉窗，采光面很大。相对的，其“热带”特征已消隐不见，除了仍然是较小的进深以外，已经跟任何其他地区的住宅没有什么区别了。

### 4.丧失地域特征的第三代住宅

2007年是当下房地产热潮很旺盛的一年，父亲终于也动了在单位之外买房的念头。在北京等大城市房价都达到上万甚至两万时，海口这样的二线城市房价依然处在3000~4000元左右的水平，对于旅游中心城市来说依然很低。这时我已具有了一定的专业水平，去看过几套房子，已经全部是北京等城市中“第三代住宅”的典型户型和惯用手法了。对比起20多年前居住的青年宿舍楼，完全丧失了地域性。

20多年来，我家的住房越来越大，条件越来越好，但建筑愈发趋于商品化和模式化。1980年代的长条外廊，到1990年代的大阳台和复合阳台，到最近与北京没有两样的户型，因为地域形成的建筑特色已随商品经济和科技的发展消失了。由此可以想到，短短20年内住宅就已发生了这种明显的“趋同化”，那么在历史成百上千年的长河中，古代建筑那种更具地方特色的东西必然消失殆尽。这似乎不是一个可以人力违抗的潮流，但趋同后必将再次分化，建筑史将是交错地向前发展。

**编者的话：**似乎不能用最近20年的变化去揣测过去千百年的变化，关于建筑史将交错向前发展的判断也恐怕失于笼统。

为什么过去20年会有如此巨变？是因为我们正在完成传统向现代的过渡。在传统社会，变化也许极为缓慢。我们之所以要记录下传统建筑，以及它(很可能)消失的过程，根本目的是为了留下尽可能完整的知识体系。

“天下大势，分久必合，合久必分。”这句话也不能成为建筑师们放弃地域化追求的借口。

梁其伟

(建筑系，海南海口)

# 直辖市

# 双城记

### 1．幼儿院·福利房

我三岁时，全家从厨房和厕所都共享的筒子楼搬到了这套爸爸单位分配的房子里。这套房子有两个卧室、独立的卫生间和厨房，虽然只有50多平方米，但在我看来已经是天堂了(图1-1)。

爸爸的工作单位在近郊，所以这套房子的对面就是一片玉米地，更奇特的是每天下午都会有郊区养牛场外出吃草的奶牛们，悠闲地从楼前的马路上大摇大摆地走过。数奶牛也就成了幼儿园时代我的一大乐趣。也是托住在近郊的福，爸爸经常利用假日带我到附近的农田里，教我认识各种农作物。其实并不是所有我这个年纪的孩子都有幸见过开花的香菜。感谢这套房子的绝佳位置，我从小就对田野有了天然的亲近感，至今也能够八九不离十地说出盘子里蔬菜们最原生态的样子。那几年我和爸爸经常做的一件事就是站在田埂上，对着一片茁壮成长的玉米指点江山，评论哪个玉米长得最大，俨然一副正在经营自家菜园的模样。

回忆那段时光，总让我想起水渠边肆无忌惮生长着的曼陀罗那白色的花朵和北方常见的白杨树在风里轻轻拍手的声音。对于一个孩子来说，这一切足够神秘迷人了，足够让我编出一些稚嫩的故事，成为在幼儿园里骄傲的小小资本。

这套房子最大的优点就是“田园”，美中不足的是与我的幼儿园所在地南辕北辙，害得我从3岁就开始早起。迷迷糊糊地在被窝里被妈妈套上衣服，闭着眼睛喝下一杯牛奶，然后被放进妈妈自行车的后座去幼儿园，这些事情成了每日的例行公事。在那个还没有双休日的年代，这一切有时足以冲淡蜻蜓和烤玉米带来的新鲜和愉快。

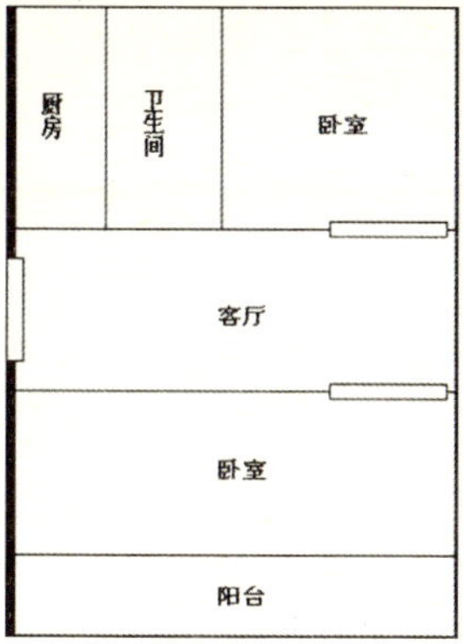


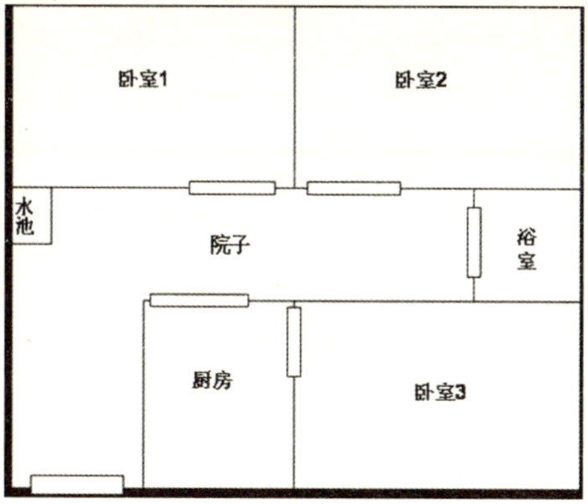


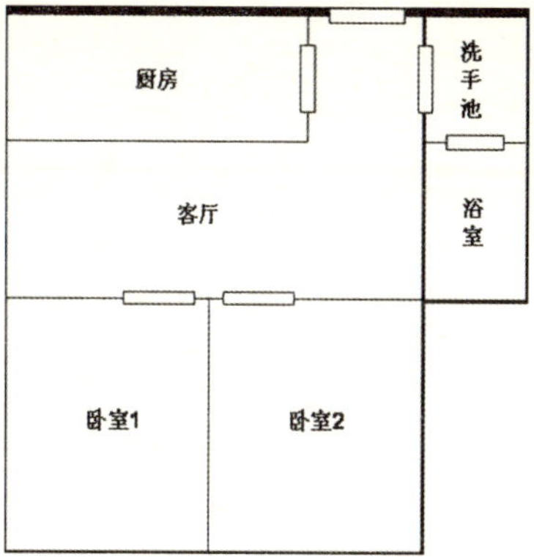


图1-1　爸爸单位分的房(左)
图1-2　东城区某胡同深处爷爷奶奶家
图1-3　石景山的商品房(右)

### 2．小学·胡同小院

七岁时，不忍见我每天都6点起床然后跟着父母一起冲去上学的爷爷奶奶决定把我接到北京跟他们一起住。我于是有些兴奋而又有些不安地在东城区某个胡同深处的安静小院里安顿下来，一住就是6年(图1-2)。

这个小院是当年爷爷奶奶从部队转业到地方时，从隔壁老爷爷手里买下的，然后进行了全方位的翻盖，有两间向阳的北房，一间在叔叔婶婶分了房子搬走以后空置，后来成了我和朋友们游戏的“大本营”，另一间由爷爷住；我和奶奶住在南房的里套间，这样奶奶在冬天的晚上可以起来为厨房里的煤炉添火，以保证其他房间里的“土暖气”运转正常。

虽然曾经发生过失窃、煤气中毒、隔壁老爷爷在一次睡前抽烟中将自己点着(后不治去世)等等一系列事件；虽然隔壁经常用点心招待我、养着两只虎斑猫的胖老太据说是旧社会的歌女；后面一排房子里我最好的朋友家里一家四个姓；前排的老太含辛茹苦养大的8个孩子没有一个愿意孝敬她；但很奇怪地，这个没什么“高雅”和“格局”可言、紧挨着“鬼屋”(老爷爷死后隔壁院子有很多年空无一人，经常传出野猫诡异的叫声)的小院却是我最喜欢的房子。

这个院子承载着我从七岁到十二岁最纯净的童年时代，有春天午夜房顶上野猫们相互追逐的呼呼咚咚声，有夏天傍晚老太太们的八卦大会，有秋天为争夺死去老爷爷家枣树上的枣子而展开的明争暗斗，还有冬天为了给雪人做鼻子而从家里偷出来的胡萝卜。这个胡同里住的不是什么有钱人，他们有时小气、有时互相使坏，但看见街坊的家门没锁总会喊上一声，蒸了倭瓜馅的包子也会给小孩的朋友留上两个，那种浓重的人间烟火气是我之后的人生里，再也没有体会过的。

### 3. 初中·普通商品房

在我快要升入初中时，奶奶家作为最后的“钉子户”被以5500元一平方米的价格从周围的一片废墟中“拔”了起来。几经周转后，我们买下了一处位于石景山的商品房(图1-3)。

这是一套位于20层塔楼第8层的两居室，有两个向阳的卧室，不算太小的客厅和厨房——一套普通得称得上平庸的房子。但爷爷奶奶都很高兴，因为从此不用再为煤炉烦恼了。在这所房子里我住的时间并不长，远离了平房里的众多乐趣有时令我不禁想念起那些香椿和槐树的阴凉。但无疑，对于年事已高的爷爷奶奶来说，咫尺之遥的菜场和超市，还有步行可及的小公园和健身设施，使得这套房子成了安度晚年的上佳选择，父母也因此放心了许多。不过学校在宣武区的我不得不付出了一点代价：从初一开始住校。

### 4. 高中时代和现在·单位自建房

在北京为户口挣扎了8年却没有结果，我在初三那年灰溜溜地转学回到老家宣化，准备卧薪尝胆，好在高考时杀回北京做“胡汉三”。爸爸妈妈为了让我能多睡一会儿，买下了这套靠近市中心的房子，从此可怜的老爸成了天天早起的人。

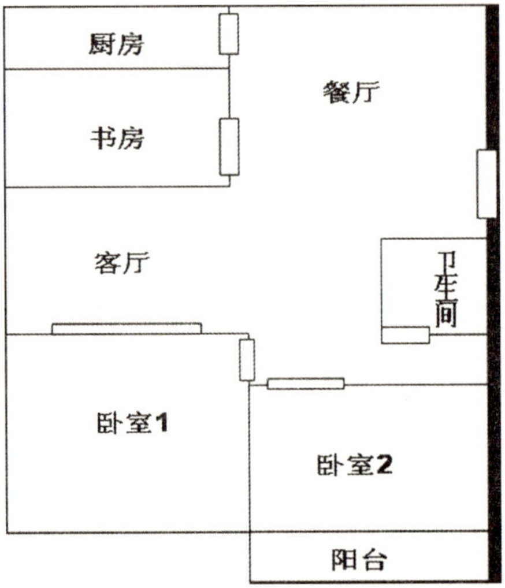


图1-4 宣化的“迎考房”平面

这套房子的格局从平面图上看相当怪异，但事实上非常好住：因为它在南北方向上很长，可以形成穿堂风，夏天特别凉快(图1-4)。

老爸对田园的热爱并没有因为这次搬家而有所衰减，他在阳台前的空地上开辟了一块自留地，搭起架子种了黄瓜、葡萄和豆角。我高一的那年夏天，一个黄瓜竟然在没有任何化肥的情况下长到了一斤多重，引得左邻右舍纷纷前来参观。老爸对此大为骄傲，郑重地买来海棠和杏树的树苗种在他的自留地里，大有建立“世外桃源”的劲头。于是每天下班后，老爸换上“耕作服”，戴上草帽陶醉在黄瓜和西红柿之间，其幸福状令人极为嫉妒。在学习之余我也偶尔到“田”里帮帮(倒)忙，看着花蕾一天天绽开、凋谢，最后结出果实，也是一种放松和教益。

其实在宣化的几年对我来说并不轻松：一个习惯了每天八点上课五点放学家庭作业不超过一小时的懒骨头，突然要每天六点半上早自习，晚上十点下晚自习，每周上课六天半——在北京8年的素质教育下(其实这是典型的伪命题，真相是教育资源分配的严重不平等，导致北京高考的门槛出奇地低)培养的自由散漫，突然面临“成绩决定一切”的应试体制的挑战，没有过挣扎与痛苦，是绝对不可能的。然而，这最痛苦的四年有每天清晨比我的床头灯更早亮起的厨房里的灯火，那是永远比我早起一刻钟的妈妈在为我做早饭；也有每天晚上十点半都会准时出现在楼下等我回家的爸爸的手电筒光亮。我想也就是这所房子所包含的支持与信任，真正令我经历了如此地转变而坚持下来，并且使我实现了“胡汉三”式的梦想。要离开这个我每天只在其中度过不到十小时的地方时，我是如此恋恋不舍。

回想自己从小到大曾经住过的那些房子，突然发现很有些值得骄傲的地方。从中国最现代化的城市到中国最普通的小城镇，这之间的折返，其实是一种历练，也是一段值得回味的人生。从胡同深处墙角生着青苔的小院，到石膏吊顶铺地砖的三室一厅，这之间的时光不仅我在成长，整个中国也在成长。然而，不管时光如何流转，人心如何漂移，居所如何变化，真正能够诠释“家”这个字的，仍是苏轼那句：“此心安处是故乡。”

**编者的话：**王迪的经历最富戏剧性！长辈们的苦心孤诣，只为获得一张参加北京高考的门票，结局却令人失望。幸好王迪心理素质超强，否则当不成“胡汉三”。

关于胡同里大杂院生活的描述，极为传神！也许，只有经历了截然不同的生活环境，才能产生这样鲜明深刻的体验。

王 迪
(新闻系，河北宣化)

# 四合院、筒子楼和板楼

我从小在北京长大，一直都没有搬过家，住的地方也没有改变。不过在我小时候，还是在北京的亲戚朋友家住过一段时间。他们住宅的形式各不相同，给我留下了很深的印象。

### 1. 筒子楼

在我六七岁的时候，曾在我叔叔婶婶家住过一段时间。他们的房子在北京陶然亭附近，周围环境很不错，还有一个大公园。住宅的形式就是所谓的筒子楼，据我的印象，大概有三四层高，每层长有四五十米，大多是上世纪六七十年代建起来的，从外观看都是砖墙，很朴素。走入里面，每层的结构基本一样，只是他们住的楼梯连着外廊，长廊上面有着长长的阳台。记得小时候我喜欢在楼层阳台上跑来跑去，看着楼下的人群，很是开心。厨房大部分都放到了阳台上，每次回来都能闻到菜香，邻里关系也很融洽。我小时候学习钢琴，老师是中央音乐学院的，那时他们学校住房也很紧张，所以也住在筒子楼里，但走廊位于中间，没有了在外的阳台。楼道两边堆满了杂物，走在里面总是感觉非常昏暗，只有走廊尽头的门能透进一些光来。在我的印象当中，上世纪八九十年代的北京，大部分的楼房形式还是筒子楼。

### 2. 平　房

除了筒子楼，我小时候对住宅留下的较深印象就是平房了。由于姥姥家离我家不远，所以我经常去那里玩。她家住在劲松西口，那里是一片平房区，直到前两年才拆迁。那里平房的布局基本上是四五家连成一排，两排中间有一个窄窄的通道，大概也就两米左右吧。生活条件艰苦了一些，还是烧煤取暖做饭，过了一段时间才改成了煤气罐，到了夏天也只能靠电风扇吹风。此外还没有独立的厕所，所以如果晚上起夜的话，就要走老远才能到，很不方便。但是平房给我留下的印象却很好。小时候的我很爱动，每次搬煤或者去粮店买粮食，都很兴奋，直到现在也能回想起来。姥姥家平房的前面有两棵很大的石榴树，到了结果的时候，大家都拿着棒子把熟的石榴从树上打下来，我们就在一旁啃着红红的石榴，这恐怕是现在城里孩子都不能体会到的经历吧。

### 3. 四合院

我小时候还亲身体验过老北京的四合院，那是我舅舅家。我们和舅舅家离得较远，平时也没有什么来往。我只是在那里住过一小段时间，印象也有些模糊了。他们住的四合院只是一个较小规模的院子，没有多重的院落，是教科书中最基本平面类型的那种。院子入口在东南角，进门是一个照壁，然后就是一个中心的院子，里面种了两棵大树。我去的时候正值夏天，因此在树下乘凉很是惬意。长大后就再也没有去过那里，印象也就逐渐模糊了。四合院也可算是北京住宅很典型的一种吧，而且近几年也在逐渐减少。

### 4. 板　楼

最后谈谈我家的住房。那是上世纪八十年代北京建起来的那种最基本的板楼。位置在紧贴东三环的朝阳区劲松小区，楼房共有六层，每层两户，一个楼里面有五个单元，外表是很朴素的灰砖。我们家住在五层，户型是三个卧室，面积都很小，分别为14平米、12平米和8平米。还好主卧有一个阳台。还有一个厨房和一个卫生间。门厅面积很小，只有6平米左右，将就着摆张桌子当做餐厅。我小的时候，住房比较紧张，所以奶奶和我们一起住。四口住在一起还是比较挤，后来叔叔那边分房，奶奶就搬过去住了。我们一家三口住得还算宽松。再后来，考虑到门厅面积太小，根本就不能坐人，来个客人都只好领到卧室里，我们就把原来门厅和小卧室之间的墙打掉了，这样就形成了一个较大的门厅。趁此机会整个家也都装修了一通，铺上了实木地板，墙上也贴了墙纸，从视觉角度讲舒服了许多。而且主卧和次卧都是朝南的，因此还比较舒服，但我们的厅相比现代户型那种通高玻璃窗的大起居室还是差了很多。无奈北京的房价越涨越高，我们也只能对这样的住宅望而兴叹了。从规划角度讲，我们小区属于塔楼和板楼结合那种。塔楼位于马路边，较低的板楼位于小区里面。前些日子，大概就是我刚上大学的时候，可能是受到了欧陆风的影响，位于马路两旁的楼房全都漆了很亮的颜色，在立面还画了典型的欧洲窗户的形状。近些日子来，为了迎接奥运，北京开启了平改坡的热潮。我们家周围也受到了影响，纷纷改成了坡屋顶，并把原来的灰砖粉刷成了红色。这些立面上的变化也是北京住宅随着时代的变化所受到的影响吧。

这些就是我对北京住宅变化的一些亲身体验和感受。

**编者的话：**没搬过家，但是能注意到亲戚的住房，也算可贵。自宅的改造，反映了普通市民家庭在生活观念的变化：家庭社交空间的独立化。其实在南方，客厅(即起居室)一直存在：在传统民居里是位居中间的厅，在现代住宅里是进门之后的第一间房，面积都比较大。在北方普通人的住房里，不管在传统民居还是在现代住宅，厅都只是个过厅，面积较小。传统在现代有其延续性。但是现在的客厅都比较大了，也就是趋同化了。

魏星汉

(建筑系，北京)

# From 70 to 200

从小就看着爸爸妈妈把家具做成小卡片在住宅的平面图上摆来摆去。现在回想起来，这样的游戏在自己人生的前二十年里，倒是记载了颇为有趣的一段住宅变迁史。

### 1.石景山的房子

我在北京长大，我在石景山区古城的家，位于一砖混结构五层楼房的顶层，两室一厅，建筑面积约70平米。这是两个主要房间和家具摆放布置情况。两个房间之间的小间是一个只有2平米的卫生间，图中左侧为北向。

### 2.椿树园的住宅

我们从古城的家搬走后，住进了宣武区椿树园的住宅。它位于一个14层板楼的四层，建筑面积约130平米(图3-1)。与之前在古城的住宅相比，面积明显扩大，但由于北向外走廊遮挡，北侧房间采光情况较差，户型也存在一些不合理、不方便使用的地方(如主卧室不自带卫生间，与起居室呈里外套间等)。

图3-1 椿树园14层板楼平面

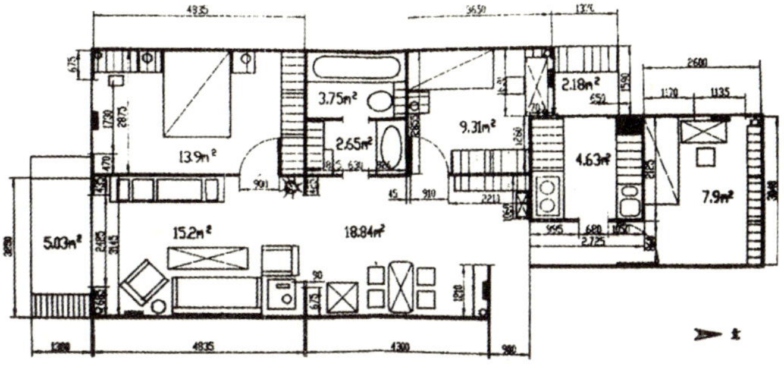


### 3.丰台区的家

我们现在的家，地点位于丰台区西四环中路的第七街区，系由两套户型拼合打通而成(两套分别为三室两厅和一居室户型，使用过程中将原三室户厨房改为家庭储物间)，建筑面积约200平方米(图3-2)。相较以往，住房面积进一步扩大，通风采光条件也都进

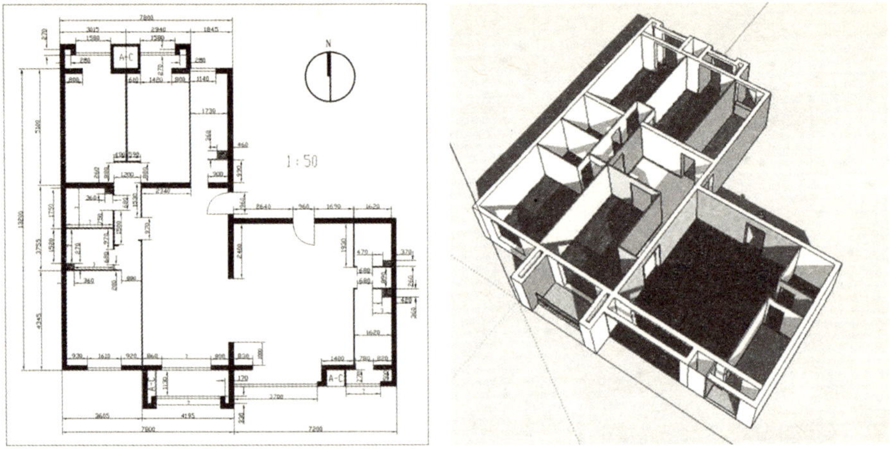

图3-2 现在的家(平面和虚拟模型)

一步改善，户型在动静分区、房间安排上也趋于舒适合理了。

在我从小到大的这二十年中，我家的住房也随着我一点点长大——面积从70平米变为了200平米，房间从两间变成了四、五间，卫生间从一个变成了三个……当然，这些还只是量上的变化，更关键的变化还在质上。从小小的木窗到落地的塑钢窗，从水泥地面到地砖木地板，从白炽灯泡到节能型吸顶灯，从液化石油气到天然气入户，从公共水煤暖气到各户独立控制的地热电采暖……变化不胜枚举。

我的住宅变迁史虽不复杂，却内涵丰富——其中不仅记载着这些年北京人乃至中国人收入和生活水平的提高，而且也记载着中国住宅建筑设计水平的提高。

**编者的话**：三个阶段的住房，清晰明确。略有遗憾的是，作者长期在北京生活，却似乎没有写下让人印象深刻的体验，不知道是因为用心不够，还是因为“不识庐山真面目，只缘身在此山中”？

祝 远

(建筑系，北京)

# 一步一步向上爬

1986年冬天，我在依山傍水的重庆城一个小医院里呱呱坠地。一个星期后离开医院，回到了第一个家，从夹竹桃盛开的平房开始走向辗转的一生。到目前为止我已搬了五次家，在各个小山坡小盆地间来来去去，从两间房到一套公寓，每一次搬家都伴随着物质的进步和精神的遗憾，离家上学后却又深深怀念……

长江和嘉陵江在山城重庆交汇，造就了重庆主城区依山傍水的态势。背山面水，古老的巴城历来是中国西部的风水宝地。早在公元前11世纪，这就是古代巴国的首都江州。因在此入长江的嘉陵江古称渝水，隋文帝杨坚遂于开皇三年(583)在这里设置渝州，是为重庆简称“渝”的由来。南宋淳熙十六年(1189)，因这里曾是当朝天子宋光宗赵惇的潜藩之地，便循例于此置府，号曰“重庆府”，以志双重喜庆。其地遂以“重庆”为名，于今已有800余年了。重庆曾经是古代巴国首都、农民革命政权大夏国国都，抗日战争期间是国民政府的陪都，素有“三都之地”之称。

我的家就在起伏的重庆城中爬上爬下，兜兜转转，在不大的一块区域中搬了五次。重庆人是从来不怕爬坡的(图4-1)。

## 1. 小平房大院子

从出生到上小学之前，最无忧无虑的童年生活是在平房中度过的，这点让我觉得很庆幸。不像那些被关在高楼中的小孩们，小时候我总是能和其他孩子们在院子里撒欢乱跑，而不必担心从阳台上摔下来。

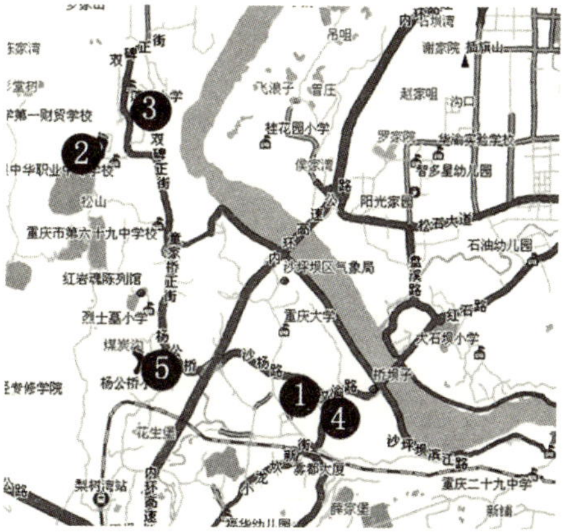


图4-1 我家在重庆搬迁的位置

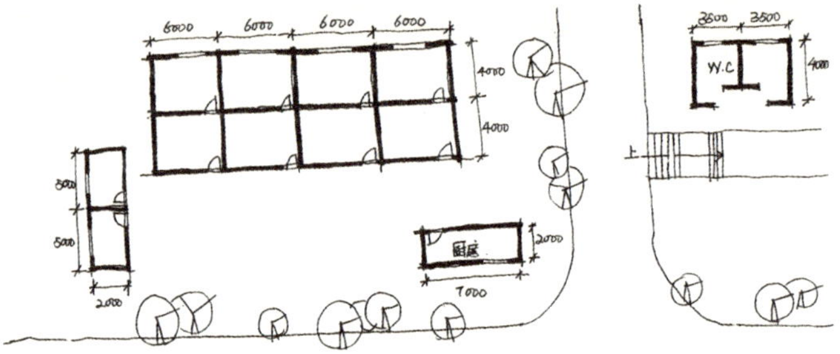


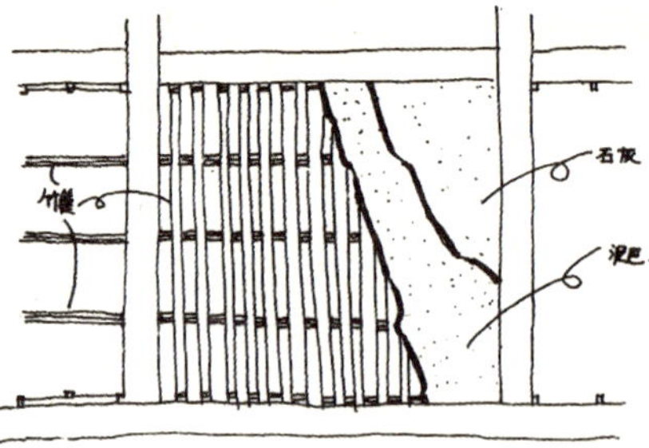


图4-2　第一个家的平面(左)
图4-3　就地取材的竹编泥墙(右)

我的家就在大马路边上(图4-2)。站在院子里，透过夹竹桃树就能看到路上来来往往的汽车。房子里只有一台很小的黑白电视机，没有什么其他娱乐方式，我的生活以院子为中心：吃饭，做游戏，洗澡，聊天……一切活动都集中在院子里，所以我们家不像只有爸爸妈妈和我，而像在过集体生活，同一个院子里所有的人都相互认识。妈妈说我穿了新衣服都会到同院中所有的人家里显摆一下。这与后来楼房中的生活有很大区别。现在这样的老房子在重庆已经不多了，我们家旧平房也拆了盖了高楼。

建筑是连排式的，每家两个大房间，人均居住面积小且平面功能划分不太合理。隔音效果很不好，能轻易听见隔壁的吵架声，隔墙都是竹编泥墙(图4-3)。

### 2. 飞跃到3楼

由于拆迁的原因，我还没开始上小学，我们家就搬进了楼房，由此开始了我爬坡加爬楼的交通方式，并且越爬越高。

这一次搬家远离了大马路，来到了风景优美的歌乐山脚下。从我家步行30分钟就可以到有名的渣滓洞监狱。江姐和小萝卜头就曾经被关在这里。它不仅是爱国主义教育基地，也是我小时候纳凉玩水的好去处，我有空就会到歌乐山上疯跑。

我们住的楼一共7层，是那个时候标准的板楼设计，四四方方有穿堂风，经济实用没有多余的装饰。我们家在3楼，家里都没怎么装修，甚至没

图4-4　第四个住宅楼下的夜市
图4-5　32层高楼的住房平面(右)

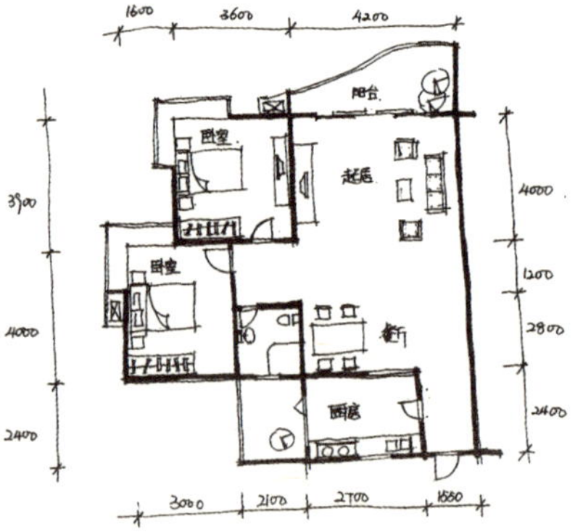

有空调。夏天的傍晚，大家都会到楼下散步，楼前的空地成了公共场所，因此同个楼房的人并不太陌生。

家里养过一只叫欢欢的小狗，我每天晚上会带它出去逛逛。它总是沿着街左闻一下，右嗅一下，仿佛要记住回家的味道。有时候看到其他小狗，打闹一番，我只得在旁边小心看住它，对小狗的主人赔笑。

### 3.爬上8楼

小学六年级时，为了交通更便利一些，我们又搬家到了靠近主干道，更新一些的楼房里。这栋楼房一共九层，而我们住在8楼。它之所以有九层，是因为规范规定十层楼就必须装电梯。所以那时候我们家楼房没有电梯，我每天要上上下下爬8层楼，很是有趣，又相当地锻炼身体。

楼还是板式的，但房子的平面布局与之前的略微有些不同，强调了客厅的重要性，厅的面积更大了，于是整套房子的面积也更大了些。那时候我们家已经有了空调，楼层又高，所以不再经常下楼散步，同个楼房的其他人也不认识了，大家都只和楼下卖麻辣烫的小店老板比较熟。一栋栋板楼依山而建，高高低低错落有致，宛如森林一般，真正开始了钢筋混凝土森林中的封闭生活。

### 4.继续上到23层

高二时，我们家又搬到了更高的楼层，这一次搬家是为了让我更好地复习高考，到了离高中学校更近的地方，也回到了第一个家附近。楼下就有市场、夜市(图4-4)，还有各种各样的餐馆，总能找到想吃的东西。

这次的楼房是规模较大的塔楼，一共32层，一梯4户(图4-5)。房子面积大了，楼里住的人也更多了，但是连住对面的人也不熟，只是在电梯里遇到，笑一笑打个招呼。物管不太好，电梯总是坏，我要来来回回地爬23层楼，很有挑战。户型平面不太合理，没有阳台，两户人家的窗户离得很近，在注重隐私的今天显得格外尴尬。

### 5.折回13楼

因为房子环境过于嘈杂，在我高考结束以后，我们又搬家了。这一次找了一个绿树成荫的小区，“林泉雅舍”。这个小区围绕绿化园林有许多楼。在小区深处，一栋塔楼住宅有23层楼，我家在13楼。由于是比较新的住宅设计，户型平面比较合理。每个卧室都有大大的飘窗，可以看见小区花园的景致。客厅旁边连着大大的阳台，从阳台上可以瞭望云雾中的歌乐山；大大的厨房可以放下妈妈买的各种锅碗瓢盆和厨用小家电……

图4-6 “林泉雅舍”小区景观与雕塑小品

今年暑假回家，终于有机会在小区里陪爸爸妈妈散步。一条蜿蜒的公路缓缓上坡，从雅致的大门一直延伸到我们住的那栋楼。路的一侧是依山而造的绿化景观，精致的石桥轻盈地飞架在曲折的小溪之上，美丽的黄桷树守护着嬉闹的小孩们。挽着父母的手，听着山间鸟鸣和老人小孩的嬉笑，家的感觉油然而生……(图4-6)。

搬了这么多次家，家里的电器家具都补充齐全了，所以我可以一整天都赖在家里不出门，于是到现在还不知道隔壁住的姐姐长什么样子，也没有问过她们家可爱的小狗叫什么名字。房子户型结构设计越来越合理，室内设施使用更加方便，物质条件越来越完善。我们选择在家看电影，听音乐，玩游戏，上网聊天……我们不用出门就可以和朋友交流。于是乎，不用点头微笑，挥手再见，远离了人与人之间简单的交往。网络的存在真的是精神交流的场所吗？是不是强调私密性的住宅符合现在人们的需求呢？半公共空间究竟如何才能吸引更多的人，这值得我们反思。

一个城市特有的地形孕育了独特的住宅形式，不同的居住形式赋予我们不同的性格特点。在依山傍水的我的老家，我们学得最多的是翻山越岭，跨过天险的决心。一步一步往上爬，我习惯了爬坡上坎。习惯楼下有香辣的火锅可以当夜宵，可以和朋友们摆龙门阵；习惯站在高处，俯视来往的人们，思索一些懵懂的问题；习惯坐在窗前，仰望天空，期待会有烟花绽放；习惯坚持往上爬，跟自己说，胜利就在眼前，绝对不能放弃。

**编者的话：**标题就为文章增色不少！重庆是山城，重庆人早就习惯于爬山。最近这些年，重庆盖了不少“电梯容易坏的高楼”，于是重庆人又多了一项本领：爬楼。十层楼以下可以不装电梯，也不知是哪位领导规定的。我记得北京的规定是到七层就必须装电梯。难道是考虑到重庆人善于爬山的缘故？我读研究生期间，清华盖了几幢六层半的宿舍楼。我和同屋张小军分得顶层一间宿舍，我们都曾经历出门忘带自行车钥匙的糗事——仰望高楼，后悔得要撞墙。

钟曼琳

(建筑系，重庆)

# 一个从未搬过的家

和许多同龄人不一样的是，我从小到大一直都没有搬过家，二十年如一日地住在那个微型却充满阳光的屋子里。虽然身处上海这样一个高速发展的都市，虽然居住在一直传言要动迁的石库门里弄中，但那么多年来唯一曾经有过变化的只是这个温暖小巢中的家具和格局。

我家住在石库门二楼南侧，就是老上海人常说的二楼客堂间的位置(图5-1)。当我还小的时候，我的伯父和奶奶就是住在一楼客堂间的。我还记得奶奶那时候推着童车里的我的情景。奶奶后来搬去了浦东。据父亲说，更早以前整栋独立式的石库门都归我们家所有的，但解放后被没收了，多余的房子政府出租给其他人使用。

应当说客堂间是整栋石库门中最好的房间了，尤其是与暗无天日又狭小拥挤的亭子间和只能摆下一张床或者一台电视一把椅子的厢房相比。它的宽敞明亮已经让年幼的我感到足够欢喜了。

## 1. 小时候的布局

小时候，我的床是在最北面，也就是爸爸妈妈的床里面，这样一方面可以防止我不小心从床上摔下去，另一方面也是为了一旦发生什么情况爸爸妈妈随时就可以照看我吧。还记得有一次出鼻血，把被子一角都染红了，睡在一旁的妈妈很快就被我惊醒，立刻把我送到了医院。后来我的床换了位置，我的活动就不再那么容易干扰父母了，甚至有一次我梦游从下床一直走到了门口，拧动把手的声音才引起他们的注意。

图5-1 小时候家里的平面

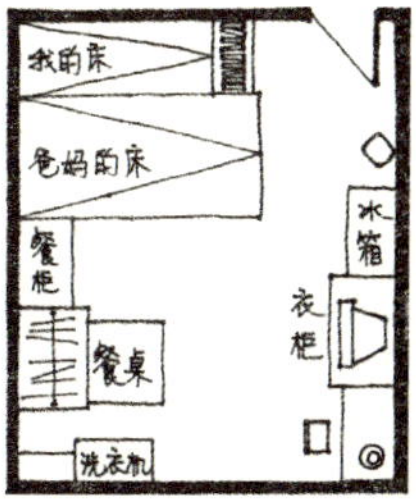


那个时候的写字桌还是南北向的。朝西的方位并不利于在阳光下工作，因为射入的阳光会正好被写字的右手挡住。不过，一般开始写作业时太阳已经落山了，所以不曾受到太大影响。我记得那盏橘红色的灯，始终温暖着这个夜幕下的小屋。

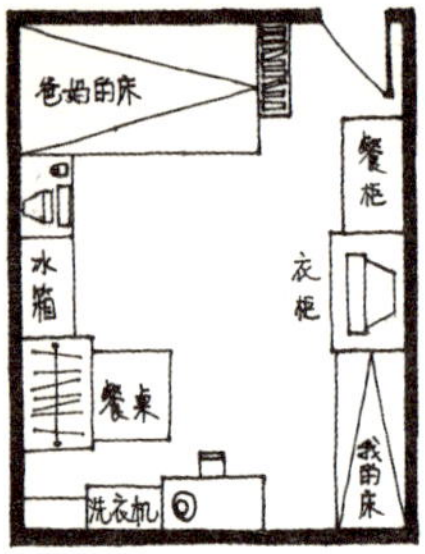

图5-2 现在家里的平面布置

对于那时的布局其实记忆已经不太深刻了，却一直记得夏夜里母亲在身旁陪我做题时慈祥的目光，记得餐桌旁和父亲一起看球一起呐喊的激情。

### 2. 长大了

读初中的时候，父母发现我的床已经不够长了。于是就对家里的格局做了一次很大的调整，并且一直延续到了现在(图5-2)。

我的床被挪到了南面，并且从东西向调整成了南北向。目的当然是要满足我的身高要求，同时也不至于太挤占房屋中间的空地，课桌则占据了朝南的位置。别的一些家具也微微作了调整。由于家里添置了电脑，还特地就电脑桌的位置费了一番周折。原先想放在课桌上，却又怕阳光太猛烈影响电脑工作，同时担心背景光线太强会导致眼睛疲劳，最后放在了爸妈的床边上。当然这样也有负面影响，就是我夜晚敲击键盘的声响常常会干扰父母的睡眠。直到他们一次又一次睁开朦胧的双眼劝我说“都几点了啊”后，我才会怀着愧疚的心情结束机上工作，上床休息。

其实认真地说，上大学对我来讲应当就是一次搬家了。毕竟每年只能在家里待不超过两个月的时间，但是这两个月却是最重要的时光。回到那熟悉的房间，翻上那亲切的床，习惯性地在床上和父母道一声晚安(单间也有单间的好处)，这才是我真正的家。

**编者的话：**微型而充满阳光的小屋！在房地产业蓬勃发展的上海，唐晓虎的家是不是显得很另类？或者，其实还有大量市民还住在此类“蜗居”里，只不过他们的声音不常在媒体也不常在我们耳边出现，因而成为“沉默的大多数”。

唐晓虎

(建筑系，上海)

# 居无定所

说起搬家，从小到现在，有四五次了。细细想来，每个住过的房子，都有故事。这种居无定所的移动，使我常常有种漂泊感。生活的艰辛在一次次迁移中得到了深刻体会，以至于我的种种欲望从那时起就一点点被磨蚀掉，逐渐形成了容易满足的心态。

**1.上海梧州路**

我出生时的房子是在上海的梧州路，是个亭子间，10平米左右。楼下是个街角的面包房，永远有温暖而甜腻的香味。亭子间要从一个石库门的弄堂里进去，进一个小小的门，爬上一段阴暗狭窄而危险的楼梯到达。房子很矮，我妈说几乎直不起身子。但那时我还小，蹦蹦跳跳爬上爬下倒也没觉得。对房子本身的记忆已经相当模糊，只知道似乎很拥挤，爸妈我三个人挤在一起，忙忙碌碌，似水无痕。倒是弄堂里的生活之后再没经历过，那狭长的弄堂上方永远挂满了各种东西，不同颜色的衣服、鳗鱼干、腊肉、篮子……做饭时，大家一起在各自门前用煤球炉子做饭。每到这时，香味便四处飘散，谁家做什么，一目了然。那时的娱乐很多。打麻将，打牌，缺人了，只要一招呼，满弄堂都能听见，就会有不上班或倒班的凑过来。邻里关系相处非常融洽。小小的我在弄堂里学步，老是摔跤，爸妈也不在身边，于是邻居们一边聊天一边顺手就把我拎起来……

弄堂生活最不好过的要算夏天。由于住的是屋顶，免不了遭受阳光的暴晒，屋里会像蒸笼一般，往往白天都不敢在屋里呆着，只有晚上我们才能走进屋来。那时，为了消磨这些时间，我们常常在外面支起躺椅，坐着聊天或者索性出去漫步，直到夜深人静，气温降了下来，我们才会上楼。这时往往已经到了后半夜。

### 2. 宁波仓水街

后来爸爸工作换到宁波了，于是我们漂到了宁波。我的第二处房子是在宁波仓水街。依旧是一个小小的房间。住的时间很短，只记得没有厨房，于是家里买了个电饭煲，每天随便煮点东西就对付了。偶尔要吃炒菜，还得向房东借锅和一个小小的煤球炉子，现在想起来觉得特别悲惨。

### 3.宁波西北街

或许是第二处房子实在不能满足生活的需要，尤其带着我这样一个孩子，于是有了第三处房子。房子在宁波西北街，是一个老式的套房，共五六层吧，格局是一个走廊两边都是每家的居室。我家住一层。在这里我读完了幼儿园和小学一二年级。房间数目突然多了，有了厨房、卫生间、客厅和一个房间。其实依旧小，但当时还是很开心。有大衣柜、五斗柜、樟木箱、缝纫机、碗柜等，家具很齐全，虽然不全是我们的。房间虽小也井井有条。和邻居们也关系很好，大家经常互相串门，孩子们在外面一起疯。这里度过了我真正的儿童时光。

### 4.宁波偃月街

第四处家是在宁波偃月街，也就是现在的月湖范宅附近。地段相当好，市中心城市公园旁边，相当于杭州西湖边上。出门就是美丽的月湖，晚上散步最佳。住的是民国时期建的大院里的某一个二层的相连的三个房间。二楼共住了三户人家，楼下另一户人家。房子对面也是好多人家。传说原来整个大院都是一个钟表大亨的，1949年后时代变迁，分成一块块给了好多人家。这也是很常见的现象。院子里还有一个小小的平房，是我家的厨房兼餐厅兼客厅，里头还有一个超级小的卫生间。可以从二楼的房间窗户爬到它的顶上。顶上铺满了紫藤，春夏时开满紫色的花，香气扑鼻。院子里还放满了大家各自种的植物，满眼绿色，分外怡人。邻里关系也很好，有什么事大家都相互照应。下雨了帮人不在家的邻居家收衣服，有好吃的四处分着吃，特别温暖。我爸妈出差去了，邻居的外婆外公爷爷奶奶都会轮流照顾我。

### 5.奉 化

第五处家是在奉化，这是我出生后父母买的第一套房子。那时候我已经上小学五年级了。套房，在四楼，三室一厅，卫生间和厨房都超大。住进去后也没有大肆装修，家具倒是很全。因为不是租的，真正自己的家，所以感觉特别安定，即使简陋，也特别开心。我们每年要改变一次家具的摆放。我最喜欢听我妈说又有了新的摆放想法，然后就大家一起搬家具。每次新的摆放都能让我兴奋几天。但是也是从那时候，开始告别了和谐温暖的邻里关系。大铁门一关上，谁也不认识谁。偶尔在楼梯口碰见，大家微笑点下头，进一步的温暖再也没有了。

现在我到了大学，爸妈还住在那房子里面，我们另外又有了两处新房子。一处独立三层楼房，几年前造的，租了出去。还有一处也是独立三层楼房，现在装修中，在更偏远的郊区，环境很好，竹林环绕，周围小村民风淳朴，爸妈准备养老用。庭院很大，计划植一棵桂花树，弄一个荷花池，后边的院子则种点瓜果蔬菜，怡情养性。到时候，邻里关系肯定不至于冷漠，村子里面大家都认识，经常农民们挖笋过来了，顺手送点给我们，大家都有照应。

现在回头看看这些年的搬家史，房子是越来越好了，邻里关系也从亲近到冷漠，看整个社会的大发展也是这样的。物质条件好了，可是人与人之间的距离却越来越远，不过慢慢的，这也正在改变，返璞归真渐渐也有了趋势。我一直相信好人比坏人多得多。

**编者的话**：弄堂生活的描写很生动。

辗转迁徙的生活，有人从中历练出坚韧不拔，有人从中学会了随遇而安。作者自称属于后者。这与清华园历来强调的“精英精神”，似乎很不相符。是不是“清华人”也该反思一下：为了学习和工作，是不是放弃了太多的生活？

宋亮亮

(建筑系，上海•宁波•奉化)

# 从北京到悉尼——从城市到农村

说到我住宅史，其实挺简单的，在北京住的时候搬过n次家也没有搬出海淀区这个小圈；如今初到悉尼，却是体会到了不小的变化。那么，就分两个部分来讲述我的感受。

### 1.北京·从小，我就在这里成长

(1) 我的出处

关于我最早居住过的房子，已经没法考证了，一个原因是我当时的记忆有限，另一个原因就是房子已经消失了，那是很不幸的屋子。据妈妈讲，她怀我的时候，就是住在小煤厂那边的一个筒子楼里面，传说应该是住在顶层。那个地方靠近西郊机场，每天都有飞机经过好多次。可能是这个原因导致我很不喜欢吵闹？这应该是传说中对于我来说最早的房子了。

后来，因为妈妈要上班，没有人带我，所以我们全家搬去和姥姥姥爷一起住，地点在三里河，就是玉渊潭东边那群老房子，现在还在那里。据说我妈妈小的时候就住那里了，那房子很结实，1976年地震都没有倒(不过当时大家还是在院子里面搭帐篷的)。

说到我对那个房子的记忆，可能因为我当时“体积”比较小，所以感觉房子还挺大的。有一点我非常确定，就是当时我是住在一个四面有栏杆的小木床里面的。现在想起来还觉得很有趣。

(2) 幼儿园

我上幼儿园了，全托的。我记得每个班有两个大屋子。一个是给小朋友们睡觉的，摆满了一个一个小床，如果现在去参观的话，一定会觉得超可爱。另一个大屋，就是小朋友们的活动室了。最深刻的记忆就是那个夏天，向窗子外望着望着，望着那些桑椹的飘落。

(3) 我的小家

后来，姥爷单位分了两套新房子，我们全家就向西平移了几公里，搬到了万寿路。从此，我的小学生活开始了，我也第一次住进了18层的高楼，开始了坐电梯回家的日子。虽然坐电梯的日子很快乐，但是每周n次的“停电活动”使得把自己和书包搬运到15楼的工作变得非常艰辛。

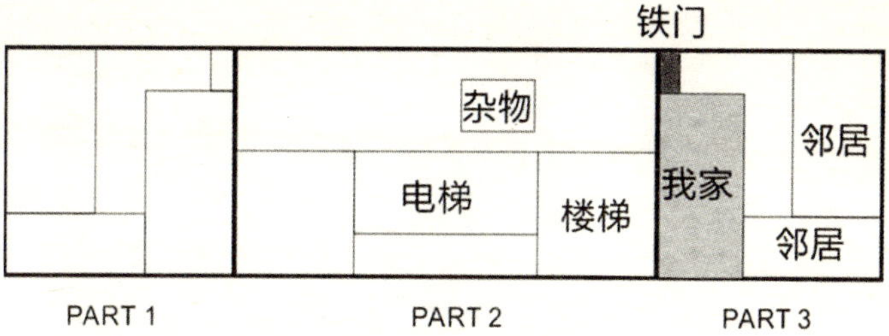

图7-1 楼层的布局

前面特别说了这么多平淡无奇的故事,下面要讲的是一个惊心动魄的故事。

我们楼层的布局见图7-1。

当铁门关上的时候，整个楼道是分成三个独立部分的。一方面，铁门的到来使得铁门里面的三家能更好地互相帮助，和平共处；另一方面，铁门也阻断了我们和同住一层的其他人的交流。

然而，铁门的作用并不仅在此。某年某月某日，“坏人”甲把自家废弃的沙发抛弃在了电梯口……又一天，“坏人”乙把一个没有熄灭的烟头随意仍在了电梯门口……此年此月此日，某导演让烟头丢在了沙发上，从而引燃了一场大火。

然而，这一夜，对于在铁门里面的我们来说，就像什么都没有发生一样。直到第二天早上起来，推开铁门，看到外面的楼道里白墙变黑墙，询问开电梯的阿姨才知道是她发现了火情，叫了人来灭火，才保住了我们的性命。

要感谢我们单元外面的铁皮门拯救了我们单元里三户七口人的性命,并对“纵火者”致以极度的鄙视和谴责。对了,还要感谢救命的开电梯阿姨。

在我快要上中学的时候,我家又搬到了现在的住址——我的新家。又搬回了多层,其实住多层挺好的,既锻炼身体,但又不用过度锻炼。

(4) 我的学校

因为我家离学校比较远，所以从上中学以后一直住在学校里，就想多说说学校的房子们。我中学的六年都是在北京一个叫做十一学校的地方度过的。从我进那个学校到毕业，学校里面的土木工程就一直没有停歇过。

先说说我初中的宿舍吧，很老的那种二层小楼，冬暖夏凉型，据说我爸爸

图7-2 新宿舍外观
图7-3 新宿舍室内(右)

当年上那个学校的时候就有那些宿舍楼了，居然又被我赶上。在我从初中升高中的时候，由于学校的新宿舍没有盖好，却招多了学生，所以学校决定把我们这些熟悉学校的“老人”赶出旧宿舍，搬到实验楼。实验楼的条件独特，28个人住一个大教室，比起以前16人的“小宿舍”，真是天差地别。

不过好在这种“悲惨生活”只持续了一个月，我们就搬进了崭新的六人一间、带独立浴室和卫生间的新宿舍。当然，住宿费也翻了一倍(图7-2、图7-3)。

这是我在网上找到的新宿舍照片，条件还是相当不错的，以至于我刚来清华的时候还因为要去很远的地方洗澡而深刻怀念过我的高中。

### 2．悉尼·我的生活

2008年7月的一天，当两个小女孩推着一百公斤左右的行李走出悉尼金斯福史密斯机场的时候，一切都变成了新的。

初来悉尼，作为一名交换学生，在UNSW这样一个国际学生众多的学校里，最经常听到的一句话就是：在这里，没有什么好与坏的分别，有的，只是不一样的感受。

其实悉尼是个不小的城市，但是高楼耸立的所谓市中心就异常狭小了，从很远的地方就能看到这些大楼了(图7-4)。

在市中心以外，人们的居所基本上都是这种一两层的house，和一些四层以下的unit。所以很多在悉尼住过的人都把这里称为“大农村”(图7-5)。

我现在的居所，一所三层的unit。补充一句，悉尼和北京不一样，是一个多山地城市，所以你会发现学校是建在山上，房屋也有很多是建在坡地上，所以我家门前就有这个大楼梯(图7-6、图7-7)。

图7-4 悉尼(左)
图7-5 当地的住房
图7-6 我在学校住的房子，门前就有大楼梯(右)

在悉尼，有很多中国人做二房东的，就是从中介租到一套大房子，然后再把房子出租给我们这些留学生。所以一般这里客厅都是住人的了(因为客厅会相对便宜很多)。我们这边是四个学生合住在一起，大家有时候一起做饭什么的，还是很愉快的。其实我不大了解国内新盖的房子是怎么个状况，反正这边的浴室、厕所和洗衣房是分开的，对于我们这种一堆人住一起的状况比较适用，尤其是早上大家都有课的时候，基本就不会出现互相“打架”的情况了。

哦，对了，还有一点，就是这边的门禁管理系统比较特别。像我们住unit的，每个单元下面大门都会上锁，就像国内一样。不过这是一种很特殊的锁，一般配钥匙的地方是不能配这种门锁的钥匙的，所以一旦你把钥匙丢掉了，就得找专门的人员给你配，每把钥匙一百块。很要命，就算是这边的安全措施吧。

以上就是关于我的住宅变迁史了。我想我作为一个外系的同学，最后再讲一点对于此次作业的体会吧。

刚看到这个作业题目的时候就觉得这个作业很有意思，虽然说我是以一种意识流的状态来写这次作业的，但是我觉得这次作业更像是一种访谈或者调研。因为最近做的调研比较多，所以什么都愿意往这方面想。因为通过这样的形式，可以从一种没有什么掩盖的角度去真实了解一些人的生活状态，我觉得很有意思。因为我觉得通过上这个课，我才发现原来搞建筑的人是这么关心人的生活形态，感觉和我们做产品的那种思考的方式其实应该没有什么本质区别。但是我又在想，如果我是去调查一些和我没有任何关系的陌

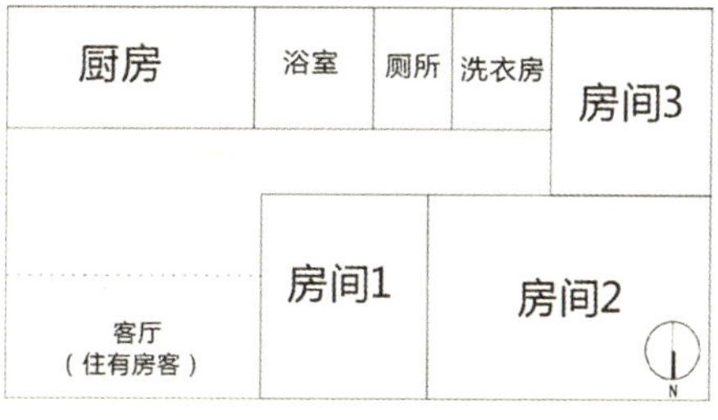


图7-7 我在学校住的学生公寓平面

生人，虽然说这种回忆录的形式能让每一个参与其中的人都感受到乐趣，但是好像不是那么容易说服他们去尝试这种乐趣。这是我个人的一些小小的猜测与疑问，不知道老师可不可以谈下您的看法？

编者的话：想出一个有吸引力的作业题目其实挺不容易，虽然一旦想出来之后就觉得很简单。说实话，我对课堂上布置的四次作业，可谓费尽心机，绞尽脑汁。这也是我愿意再花一点时间，把作业结集出版的一个原因。

史舒迟同学的住宅变迁经历比较简单，但宿舍的经历也许是最丰富的：幼儿园宿舍、中学宿舍、大学宿舍和国际学生house。如今，拥有“国际经验”的学生渐渐多了，这是我当学生时连想都不敢想的奢望。见识广的人通常更有能力，也更有自信。这是农业社会和商业社会的区别。

史舒迟

(汽车系，北京•悉尼)

# 附　录

# 家住马来西亚

马来西亚的面积不大，约33万平方公里。南北纬度相差也不大，属于赤道型气候，没有四季变化。因此，马来西亚各地的住宅建筑类型很相似，主要分为独立式房子、半独立式房子、连排房子、公寓等，不像中国有这么多种类型的民居。马来西亚主要由三大民族组成，即马来族、华族和印度族。除了马来族的高脚屋(类似干栏建筑)，华族的民居形式都相差不远。

## 儿时岁月

从小到现在，搬过两次家，所以一共住过三栋房子。记忆中只搬过一次(19岁时)，因为另一次搬家的时候我还是一个婴儿，没记忆。婴儿时期的那次搬家(应该是21年前了)，是妈妈告诉我的。她说我们的老房子被火烧了，之后我们就搬去了老房子斜对街的一栋房子。这栋房子是在老房子着火前就开始建造的，所以当老房子被烧后，我们自然而然就搬进去了。

老房子是一栋木板屋，当时住了四个人——爸爸、妈妈、姐姐和刚出生的我。听妈妈说，当时的房子都是木板搭建的，所以一把火就轻易把它给吞噬了。老房子隔壁是婆婆的屋子。婆婆和爷爷是福建移民，到马来西亚工作后，买了地。爸爸的房子就建在婆婆屋子的隔壁。新房子在建造时，妈妈除了要照顾刚出生的我，还得跑到新屋子去清理。碰巧，老房子被火烧吞噬的那天，妈妈刚好抱着我在新房子清理，让我逃过了一劫。老房子对我来说基本上没有印象。

## 难以忘怀

我印象最深刻的住宅，就是我住了19年的一栋房子。那是一栋独立式的单层住宅，屋子周围还有一大片空地。建造材料是砖。这栋房子有两个起居室，三间卧房(主人房还配有一间浴室)，一个厨房，一间浴室、一间厕所和一间储藏室。这个规模，在当时我们那个地区算是条件不错的了。而我的弟弟也在我们搬进后不久出生了，一家五口就在这间房子快乐生活着(图1-1)。

图1-1 住了19年的家

婆婆是南方移民，籍贯福建，有拜神的习惯。爸爸也继承了这一习俗。所以我家北面的空地上放置了两个砖砌的焚化炉，用来焚烧冥纸。此外，到农历正月初九(福建人拜天公)，由于祭品比较多，北面的空地就用来焚烧冥纸、祭品。拜神烧冥纸对于信仰神灵的马来西亚华人来说，是挺重要的习俗。从小就看婆婆这么重视这些日子(正月初九、初一十五、清明，等等民俗节日)，耳濡目染下也跟着学会了。

记得那时我们那区都没什么房子，路边有许多树林。屋子都零星散布着，两户住家相距挺远的。父母都不太让我们出去玩，要去表弟家玩还得骑车走一段路。我的家门口朝北，当时东边、南边和北边都是树林，而西边是一个基督教的坟场。所以，我晚上都不太敢待在屋外。

爸爸也为这个家添置了一些设施。首先是为了安全起见，在屋子周围围起了篱笆。同时，爸爸看我和弟弟都喜欢打篮球，就在屋子前面建了半个篮球场，随后又在屋子西面空地上搭建了一个有顶的车房。而这时这条路也不断发展起来，东、南和北边的树林都被砍伐，建起了房子。

房子的西面有一家木材加工厂，造成环境污染，木屑到处飞扬，使家里时常都尘土飞扬(就好像北京的沙尘)。于是妈妈提议搬家。在2005年年头，我们就搬进了现在住的房子。

### 陌生又熟悉

现在的房子是一间双层半独立式屋子。这个地区内的房子是由不同发展商建造的，都是双层半独立式的屋子。我们买的房子是最后才建成的，当时一批只建了4套。所以，这个区域现在一共有16套双层半独立式屋子。原本土地的拥有者都不同，他们在不同的时间卖给不同的发展商，因而造成这样的情况。

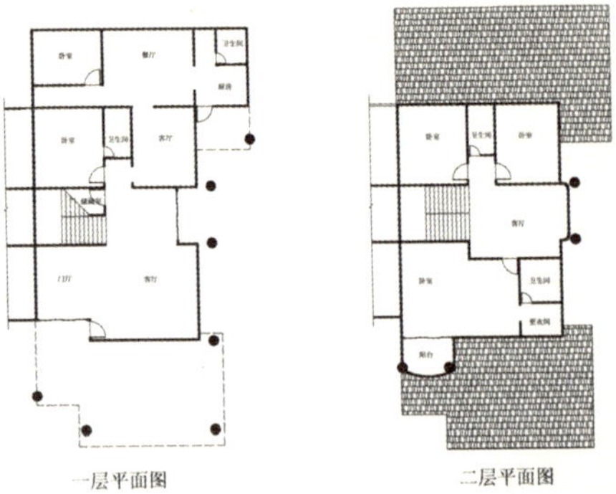


图1-2 现在房子外观(左)
图1-3 现在的房子平面

不过，幸好各个发展商建的房子都相类似，不至于使一个小小的地区内出现多种形式的住宅，各个住宅很协调地在一起(图1-2)。

现在的房子面朝北，一共有两层。一层本来有一个门厅(用来安置神桌)、一个起居室、一间卧室、一间浴室和一间餐厅兼厨房，后来我们扩建了一间卧室和浴室，并加建厨房和餐厅，而原本的餐厅就改成另一个起居室。二层则有一间起居室、三间卧室和两间浴室。二层主卧拥有室外平台(图1-3)。

由于信仰习惯，在屋外还是设立了焚化炉(图1-4)，同时室外还安置了一个天公座(用以供奉天公)(图1-5)。听妈妈说安置天公座的位置是以正门为参照，安放在门前面积大的(左边或右边)空地上。新房子的室外面积不如之前的大，所以大部分面积用来停车，只把东北角的小块土地用作绿化。这个绿地可是和邻居交流的好场所哦。两家人中间隔了一面墙，但因为大家时常都在一起修剪树木，使两家的交流增加，促进友好关系(图1-6)。

另外值得一提的是，我们这个社区大家相处都不错。不像以前的地方，由于四围的房子距离有点远，基本上和邻居互动很少。但这里就不同了，时不时就在隔壁家办聚餐，大门打开，而其他人就会自动走进来。此外，逢年过节大

图1-4 新家屋外的焚化炉(左)
图1-5 新家室外的天公座
图1-6 新家门前的小绿地(右)

家也会聚在一起。春节期间，各家凑点钱，把整条街挂满了灯笼，晚上红彤彤的一片，新年气氛浓郁。

虽然搬进新家不久我就来了北京，在家时间很少，但新家给我感觉还是良好。房子除了自己一家人住之外，和外界的联系与沟通非常重要。我觉得人是群居动物，大家应该其乐融融相处。庆幸的是，我们的小区能带给我这种感觉，而且有了他们，让我非常放心地在外地读书。姐姐弟弟都在外地求学，家里只剩下父母。邻居们能相互照应，陪陪他们。

我来到清华大学求学，住进了宿舍。这是我第一次离家这么久，而且是一个人在外地居住。一开始还是有点不适应的。要学习如何与别人同住、互相体谅、理解别人的生活习惯，这对我来说是一项挑战。不过，我觉得住宿舍还是有好处的。一方面能培养独立的习惯，生活上亲力亲为，而另一方面能学习如何与人相处。另外，北京住宅给我的印象全都是高楼建筑，没有多余的活动空间。而马来西亚却以低层建筑的住宅为多，只有在大城市中心才有较多的高楼住宅。再者，马来西亚全年盛行对流雨，雨量多，所以建筑多为坡屋顶，这与北京的住宅不同。总之，各地方住宅都有其独有的特色，以适应气候、人为活动，创造出宜地宜人的生活空间。

**编者的话：**拜天公其实是拜姜子牙。姜太公助武王伐纣，功成后大举封神，连不少反派人物也名列仙班。唯独他自己，没有上天，而是进入了老百姓的院子，成为保家护院的“中宫爷”。没想到日子久了之后，老百姓们把最平和可亲的姜太公也给遗忘了，以为在院子中央烧香是在祭天。在封建社会，天哪是普通百姓有资格祭祀的呀？只有作为天子的皇帝，才有此资格。

不过，祭错了对象，却不影响这一习俗随福建移民飘洋过海，传到了东南亚，而且保留至今。很多时候传统的力量极为脆弱，但某些时候却很顽强。只要不影响现代化，留着它又何妨？

因为房屋买卖合同而成为邻居的住户，也能形成很好的社区。原因何在？或许，马来西亚人会反问我们：为什么不能成为好邻居？

梁孙发
(建筑系，马来西亚)

# 我的家，我的成长

出生在马来西亚的我，家庭背景与中国的同龄人有很大差别，因为我出生在一个近百人的大家族。以前我从不以为然，但自从与清华的同学们谈起家里妙趣横生的生活，我才领略到比起他们孤零零的童年，我太走运了，大家都羡慕我。家对我来说是住房与家人缺一不可的，如果要谈论我的家也必定伴随着其中的成员。我有三个家，都位于马来西亚柔佛州。如果可以，请容许我把清华也算进去，因为它几乎占据了我至今五分之一的人生。这四个家对我起着与众不同的意义，它们潜移默化地影响着我的成长。第一个家被称作“老家”，是以祖父为首的家族的老家。第二个是七岁以后父母与我们四姐弟的“新家”。第三个是刚刚离开的清华，第四个则是新山市的新宅。

### 1. 老 家

祖父7岁下南洋，13岁便奔波于马来亚半岛，以建造房屋为终生职业。20世纪70年代，祖父举家由中马南迁至居銮市，并携子亲手营建这幢房子。其平面虽然简单，却出自祖父之手，当时共花了7000马币。祖父母共育有9男3女，加上曾祖母组成了15人的大家庭，所以老家规模也自不小。这是座平面接近正方形的单层单体建筑，坐东朝西。其室内分为南北两部分，平面以东西轴成镜像布置，内侧为客厅与饭厅，外侧为寝室。其中央由一堵整墙隔开，只有饭厅以门洞连接，厨房则位于尾部，形成2客厅、2饭厅、2厨房、8寝室的格局。将近四十年过去了，平时的老家已不如从前热闹，如今老家南部主要是祖父母的活动区域，北部是五叔一家人的生活中心。尽管父执辈们多已离开这里在外谋生，但他们人生中最重大的仪式，结婚典礼，一定会回到老家在祖先的见证下完成。这8间寝室各有其主，四叔到九叔娶妻时都分得一间房，每到过年过节这些10平米左右的房间就会挤上他们一家45口。

老家宅前有宽敞的前院，左右原来种有两株高大的芒果树。10年前，因为树根扎爆水渠内壁，芒果树被相继砍倒。如今没了果树的遮挡，院子就可容纳五辆汽车，但每到夕阳西下，室内总热得好似蒸炉一般，一直到正立面加建了雨盖情况才有所改善。夜晚院落却非常凉爽，长辈们总喜欢搬把椅子，手握啤酒或红酒，天南地北聊个痛快。在院落一角还有一座可容纳四人的秋千，这不单是小孩们的最爱，就是现在的我，都常要荡一荡，一上一下间总能让自己觉得又年轻一回。还记得小时候，我就曾两次因吊挂在秋千的铁梁上，导致双脚不能行走长达一周。惭愧的是，至今我都不知道究竟在我双腿上发生了什么事。前院以外的另外三面虽窄，用途却不小。左右两侧有狭长的草地，祖母在这里植花种菜。屋后则有一个有盖的室外厨房，随着岁月的推进，以柴火为燃料的炉灶早已被淘汰，取而代之的是煤气炉与木炭炉。从前后院两旁还有两座鸡寮，祖母每每在中秋节的第二天，就买来许多小鸡，用心饲养三个月半，成为春节菜桌上人人赞不绝口的肥嫩佳肴。

老家平时看似普通，但一到春节就会摇身一变挤满五六十人，叔叔伯伯们都回来了。这时不单是前院挤满车辆，连宅前路都必需占上(家家户户都这样)。春节期间，饭厅可是我们家重要的活动中心之一，用餐的场景也可说蔚为壮观。从除夕至大年初二，家里每餐至少要开两桌，除夕吃团圆饭更要开上五桌，才能容下六十几人同时用餐，热闹极了。闽南话有句俗语："吃饭皇帝大"，这时在林家没什么事能比吃饭还慎重的了。厨房的活儿可是一刻不得停歇，除了一天三餐，除夕、正月初一、初二、初三、初九与元宵节，都要筹措一连串的祭祀活动。其中，又以农历除夕最为隆重，早上酬神、中午祭祖、傍晚拜好兄弟(孤魂野鬼)、十二点迎天宫，而且每祭必丰盛无比，有鸡、鸭、鱼、肉、面、水果等等。当然，这些祭品最后都进了大伙的五脏庙。如此以进餐为中心的春节活动会持续到大年初二为止，才各自散去。但这就苦了祖母、妈妈、大伯母等林家女人。这些准备工作早至半个月前，或者更早，临近春节的几天更是紧锣密鼓。

大人们喜欢回老家，因为这是远离大城市喧嚣的天堂。叔伯们每每回来都想赖着不走，但现实终归现实，充完了电还是要开始新的打拼；小孩们更是喜欢这里宽敞的环境，尤其是住在大城市的小堂弟、堂妹们，很少可以享受那么大的游戏空间。记得小学四年级，除夕中午下了场滂沱大雨，对面施工中的工地形成一个标准泳池般大的水塘。那个春节，小孩们的活动都围绕水塘进行，像弹石片、放爆竹啦，如今尚记忆犹新。还有一次，首度回家过年的堂哥在老家对面一处高及人头(或许只有小孩的高度)的草丛中引爆一个老大的爆竹(我们称作"大地雷公")，结果把后背烧伤了，还险些酿成火患。这些儿时的游戏如今已成为回忆，那时的小孩也早已步入社会，有的甚至已经左手抱个娃，右手拖个仔了。

### 2. 七岁后的新家

七岁那年我搬了家，和父母姐弟一共六人迁至“新家”。其实，这里离老家只有一分钟车程，所以搬迁并没有割断与祖父母的联系，至今我们依然每天一起吃饭。新家是双层联排住宅的首间，坐南朝北。马来西亚与北京不同，日照异常充足，坐南朝北对于采光刚刚好，而且这儿的日间温度常年维持在30℃左右，如果将南北两边的窗户全打开，就会产生凉爽的穿堂风。所以我喜欢坐在二楼落地窗前看书，呼吸怡人、自然的空气，享受微风的吹拂。新家的院子占地原来比建筑还大，所以爸爸乘机将房子进行扩充。新家首层北部为客厅与办公厅，南面相继为饭厅、储藏间与厨房，二层则有两个小起居室与五间房间。此外，爸爸决定扩大宅前二楼的阳台，阳台底下形成可容纳两辆车的半开敞车房。许多人都说，我家就像个迷宫，但这种规模的房子，在居銮属常见，因为地广人稀嘛。再加上一切由爸爸亲手操办，省却了许多费用。

平常我们的作业都在楼下的办公厅完成的。这个办公厅是书房又是主入口，说起来甚是矛盾，完全不符合所谓的功能分区。曾几何时，我也尝试利用专业所学改变一下，却发现还是维持原状更令人满意。果然，所谓生活并不是一个理论就可以概括的。新家的布置特别简单，因为妈妈要照顾众多人的三餐与生活起居，偶尔还要处理爸爸生意上的会计事务，所以无暇打理多余的东西。这使得我们家几乎接近极简主义，没有多余的摆设，连大姐获得的众多殊荣都深埋在储物柜里从不示人也不得见天日。朋友评论我的房间“家徒四壁”，除了冷气、床褥、一台小音响与一个小衣柜，接近十二平米的房里甚至没有一张椅子，更别谈桌子了。这也是因为我的房间常要容纳许多人留宿，老家虽有许多房间，却不足以应付庞大的人口。记得小时候有一次，两间房子共十三间房都挤不下所有的人，我们便在客厅打起地铺。但这么壮观的景象已经很久没有了。

自小我们四姐弟便常闹口角，但从来都是动口不动手。虽然常有争执，我们却共用许多东西。小时候为了方便照顾，我们共用一间睡房和一个衣橱；我们共用一堵墙，把全白的校服张挂在二楼起居室；我们共用一间书房，大家各自拥有两张大方桌的一个长边，各自占用桌上的抽屉，甚至每人占有一个桌角，堆满层层的书籍。最有意思的是，妈妈将新家分成四分，并指定每人负责一个卫生间，按时进行清理工作。

家里的院子与厨房是我引以为荣的地方。院内虽然没有经过特别的规划与设计，却让人备感舒服。院子成L型，原来种有两株松树、一株柏树，至少有两层楼高，可惜前年死了正北方那一株。此外，沿着篱笆种有各式各样的花草，院后则种了不同的水果与蔬菜，有番石榴、斑兰叶、黄梨、芦荟，曾经也有水翁、木薯、甘蔗等等。特别是后院有一棵我们俗称释迦果的水果对我意义重大。这是一种比拳头略小的水果，赭石色的外表呈鱼鳞状，果实就像石榴，却是白色的。我特别爱吃，外边却买不到。临行北京不久妈妈在后院埋下种子，当时我还嘀咕着究竟什么时候才会结果啊，没想到两年前我就开始享用它甜美的果实了。沿着篱笆外侧，种有许多水梅，是祖母与妈妈的杰作。约一米半高的灌木被修剪成不同的球状，每当春节时总会开满小白花，不仅吸引了路人的目光，其香味还引来了无数蜜蜂与蜂鸟。我家的厨房当然也马虎不得，因为新家也是家族成员在春节以外的聚餐地点，一到公共假日这就会特别热闹。为了应付庞大的厨房作业，15年前爸爸把室外的炉灶改成了第二个室内厨房，以致我家的厨房面积几乎与客厅一样大。我估计妈妈的人生一半以上都耗在这儿了，所以这里也是我们几个小孩和妈妈聊天的好地方。

谈起老家与新家的邻里关系，我想还是老家更有意思。并不是新家的邻居不好，而是因为他们搬迁的几率太高了，都尚未熟络，又住进了新的面孔。老家就不同了，左右分别住的是阿禧叔与三叔公两家人，他们都是从中马一起搬到这的老乡，与祖父母可说是超过半辈子的交情。平时送送东西，串串门子自不在话下。

### 3. 在清华

19岁那年，我到北京去求学。这是我第一次离开家独立生活。在北京我当然没有语言障碍，但取而代之的是对生活模式的不适应。虽然周遭有许多朋友，也能互相帮助，但每当过节或是祖父母寿辰之时，电话旁不绝的笑声总让我有点失落，这种心情一直持续到第二年。其实，需要时间适应的不止我一人。大三的寒假我才意外听说在我首度离开时妈妈曾泪洒关卡。毕业后，我又发现当时不单是妈妈，连祖母也哭了。这使我分外感动，也顿时觉得现在才发现也太不孝了吧。

慢慢地我学会独立生活，就算一个人过节也无所谓了。在房里闷了就到北苑遗址看书；看得累了就坐在紫藤树荫下，享受自然的同时也从柱廊形成的画框看公路或草坪上的一切。虽然我不属于阳光男孩，却也不是个甘于成天呆在十平米不足的小房间的人，这种对广阔天空和大自然的追求变成了一种享受。所以，我在北京的家并不仅限于宿舍，还有整个校园。回想离开清华前，我又再一次拿起相机到老地方去，过了把瘾。

### 4. 新山市的新家

大学三年级那一年，爸爸在新山市买了一栋新宅，这离居銮市有一小时半车程。由于长时间在新山工作，从前爸爸都是寄宿在叔叔家。之后，姐姐与小弟也到这里就业与念书，所以在新山拥有一间房子变成爸爸的愿望。终于，他的愿望成真了。爸爸一直都有神经受压迫的毛病，每晚都睡不好，但记得乔迁之喜那天爸爸说他睡了一个好觉，把大家都乐死了。

这是一栋双层连排住宅，虽然没有老家与新家大，也没有宽阔的院子，但比起北京拮据的宿舍，还是可以感觉到空间的美好。由于是新开发区，建筑密度不高，房子都很低矮。最令我满意的是四周不只绿意盎然，还有抬头就能看见的跟老家与新家一样的蓝天白云，而不是钢筋水泥森林。在这里有家的感觉，却没有妈妈每天为我们打理琐碎的生活。我们自己打扫、洗衣、解决早午晚饭。可以说，这有家的温暖，却又是个可以生活自主，训练独立能力的地方。

回想起来，这几个家所承载的生活模式，对我一次又一次的蜕变有着至关重要的影响。对家庭的重视，已经潜移默化地从父执辈中灌输到我脑海里。但与此同时，家又让我从群体之外，慢慢学会孤独，还有对广阔天空与大自然的追求。

**编者的话：**这是一篇特约稿，作者是一名马来西亚留学生，比2008年选“乡土建筑学”课程的三年级同学高两班——也就是说，属于“三字班”(指2003年入学)的，今年暑假已经毕业。

林永明在我们的乡土建筑研究小组做毕业论文，由李秋香老师指导。毕业论文答辩时，我惊奇地发现他的中文功底竟然如此之好，以至于产生怀疑：此君真的是留学生吗？

林君是留学生不假，但也是华裔。不过，这不能构成他中文写作好的充分理由，因为很多中国本土的高材生也没他写得好。林家祖父是盖房子的木匠，这或许是林永明选择建筑系的原因吧。

马来西亚的华裔大家庭，光寝室就有8个，过年时其乐融融。要是在中国，这是我的父辈们才可能有的经历了。中国南方农村现在有不少住得下几十口人的五六层小洋楼，其实大部分房间根本就没机会发挥作用。新农村建设，变成了新村建设。

别以为学了几年建筑学就能轻而易举地把房间功能摆布好。在长期的生活积累面前，建筑学好像是徒劳无益的。这正是建筑师的努力方向：向生活学习！

林永明
(建筑系，马来西亚)

# 以下图书已经出版，敬请关注

**《走在历史的记忆里——南京路1840's～1950's》**

第一部以区域的视角，系统介绍“中华第一街”——南京路的著作，首次披露大量珍贵历史影像。书后的详尽附录，对研究者颇具价值。

**《百年回望——上海外滩建筑与景观的历史变迁》**

第一部系统研究上海外滩这一中国近代化标志地区的建筑营造和景观变迁的著作，首次披露外滩所有地块的产权更替及建筑营造过程。

**《提篮桥——犹太人的诺亚方舟》**

在二战的漫天烽火中，在一波又一波的排犹浪潮中，犹太民族仿佛惊弓之鸟，四处寻找能提供他们暂避风雨的的港湾，可结果，只有一个接一个的失望。唯有在遥远的东方，有一座叫上海的城市向他们张开了自己的臂膀，接纳了数万犹太难民，其中的绝大部分后来在一个叫提篮桥的地方度过了一段充满艰辛而又不乏温情的岁月。上海，虹口，提篮桥，犹如漫漫长夜中的一盏明灯，照亮了他们的心灵。60多年过去了，那里依旧保留着大量犹太难民生活的史迹，一批又一批的犹太人从世界的各个角落来到这里，缅怀那段难忘的时光。

进入新世纪，虹口提篮桥犹太难民曾经生活过的区域被上海市列为重点保护的风貌区之一，提篮桥又一次受到了海内外的高度瞩目。本书系第一部集中介绍这一区域的著作，不仅关注其兴起、发展，也介绍其遗产保护对策和该区域未来的发展。

关注虹口，关注提篮桥。

**《大光明·光影八十年》**

1928年12月23日，京剧名伶梅兰芳亲手为大光明影戏院的开张剪彩揭幕，“梅开光明”成为一时佳话；1933年6月，英籍华人卢根联合美商重建“大光明”，巨大的投资和著名建筑师邬达克的精心设计，让大光明大戏院赢得了“远东第一影院”的美誉。80年来，作为上海著名的文化地标，她也被公认为是上海重要的公共活动空间，见证了太多的荣耀和辉煌。全书以大量珍贵的历史影像和档案文献，介绍昔日的“远东第一影院”。

**《街道背后——海上地名寻踪》**

对于上海这座近代崛起的城市而言，租界的兴起、城市的扩展、道路的兴建，甚至很多社会经济、政治活动、重大历史事件，等等，所有这些都可以在地名中找到线索。无论是越界筑路还是江湾五角场的大上海计划抑或是国货运动，地名就像一面镜子，映照出这座城市过往的一幕幕历史……

**《古城笔记》**

收录著名学者阮仪三教授多年从事古城保护与研究所撰写的文稿，其中包含部分早年的研究笔记，翻天覆地几十年后，不少内容愈显其价值。

**《寻找唐家湾》**

记录一个岭南近代聚落的前世今生。

**《中华民居——传统住宅建筑分析》**

民居是最自由、最具创造力的建筑形式，集中反映了人与自然以及人与人之间的空间关系和社会关系，是各地先民应地制宜，顺应自然的创造。最直接反映了中国统一多民族国家的生活方式和文化多样性。

作者多年来足迹遍及全国进行实地踏勘，以大量第一手资料描绘了传统民居的鲜活轮廓。全书内容涉及传统民居建筑的研究方法和思路、民居与自然生态、民族思想精神、社会结构、文化意识、人口迁徙以及民居类型的界定与分析，并以大量篇幅和丰富的材料，论述了中国各地典型民居的特征与分布。

# 以下图书即将推出，敬请期待

**《从“文人主义”到“人文主义”——上海传统园林的勃兴、衰变与近现代转型》**

第一部系统研究上海传统园林的学术专著。在上海这个近代中国最“西化”的城市，选择园林这样一个最“中国”的空间对象，全面梳理上海地区传统园林从两晋、南北朝的兴起，到宋元时期的发展以及明清时期的鼎盛，及至近代的衰变与转型的历史脉络，回顾和总结上海传统园林的艺术成就，尤其是对开埠以后在由传统文人园向近代市民社会公共空间演变过程中的努力予以高度评价，内容涉及早期上海园林的文化艺术生态、历代园林综述、文献分析、造园思想、园林布局、掇山理水、建筑、植物、现存实例分析等。

近代以来，以文人园为代表的传统园林遭遇了极大的危机和挑战，出现了停滞不前的局面。只有在上海，经由“海派园林”，才艰难地迈出了向近代社会公共空间转型的步伐，实现了对江南古典园林传统的批判性转换，也由此实现了文化版图和文化秩序的重新建构。上海传统园林恰恰是在文人园向城市公共空间的转换过程中做出了有益的探索，成为古老文明迈向现代生活的实验样本。这样一种充满开放性和包容性与大众性的“海派园林”，较之传统的古典园林，充满了异质性，也只有在上海这样一座充满开放、进取精神的城市，才会成长起来。反过来，这样一种全新的园林系统也极大影响了上海的城市发展以及城市文化生活。

**《老城厢，远去的身影》**

从元至元二十八年(1291)设立上海县，嘉靖三十二年(1553)上海筑城开始的几百年里，今日的老城厢地区始终是上海地区的政治、经济和文化中心以及沟通南北的航运中心。发达的沙船业，众多的会馆、南北商铺，书院、园林、寺庙，十六铺的舟楫帆影，露香园的顾绣和水蜜桃，黄体仁的背影和徐光启的脚步，老城厢，就这样静静地走过了几百年……

鸦片战争的隆隆炮声打破了城墙里的宁静世界和学宫里的琅琅读书声，开埠以后城北租界的迅速发展使上海城市的中心北移，租界地区成为上海的中心区域。华界的老城厢也日渐边缘化，所谓“南市”即应此而来。不过，老城厢始终保持追赶的脚步，城墙的拆除、现代市政、公用事业的兴办、文教机构的设立，等等。多少年来，她始终代表了上海这座中国最“西”化的大都市本土化的意象。在日新月异的发展进程中，让我们再一次关注老城厢，关注她日渐远去的身影

**《西风落叶——海上教会机构寻踪》**

在近代上海的急速转型过程中，以教堂、教会学校、教会医院为主要代表的教会机构曾经产生过重要的影响，深刻地影响了这座城市的政治、经济和文化进程。天翻地覆几十年，其中的一部分早已踪迹全无，也有一部分还在城市的各个角落继续着发挥作用，它们已经成为上海这座城市历史的一部分……

**《向邬达克致敬》**

他的身影已离我们远去，但他的作品却依旧散布在我们这座城市的四面八方，成为这座城市日常生活的一部分。如果说在相当长的时间里，外滩代表了上海的半张脸庞，那么她的另一半——国际饭店就出自其设计。正如今天“刘翔代表了上海的速度，姚明代表了上海的高度”那样，作为“远东第一高楼”的国际饭店也在相当长的时间内代表了上海这座城市的高度。他大概是近代上海设计作品最丰富、风格最多元的建筑师，从“古典”的慕尔堂到摩登的绿房子，从大光明到“远东第一”的摩天楼，从宏恩医院到苏州河畔的现代工厂，从小住宅、公寓、学校、教堂、影剧院、医院到工厂，几乎涵盖了所有的类型。他的作品已经融入了上海这座城市的文化基因，成为人们日常记忆和想象的一部分，构成了蓝天下这座城市美丽天际线的一部分。他，就是Ladislaus Edward Hudec.

**《曹杨新村，一个时代的背影》**

作为1949年后红色政权建设的第一个工人新村，相当长的一段时间，曹杨新村曾经作为人民当家作主新生活的红色样板而倍受关注，也成为那个特殊年代向世界展示红色中国和红色上海的生活样本和文化地标。它曾经承载了太多的光环、荣耀和梦想，天翻地覆几十年后，让我们把目光再一次投向这片土地……

**《青浦往事，一个民间观察者的影像记录》**

一个老人，用自己的镜头默默记录下这片土地上所发生的一切，风土人情、城乡面貌、社会变迁、日常生活虽然只是一个个片段，却足以印证时代的巨变。

《影像·土山湾》（暂名）

从1864年土山湾孤儿院成立开始，今漕溪北路、蒲汇塘路一带陆续形成了土山湾工艺厂、土山湾画馆、土山湾印书馆、土山湾机械工场，等等。到上世纪初，土山湾孤儿院连同周边的其他设施，形成了一个方圆1.5平方公里的气氛浓郁的文化中心。

回顾近代上海的发展的历史，如果说以外滩、南京路为代表的公共租界更多地提供了制度资源，而以淮海路为代表的法租界更多地提供了生活情调，那么土山湾则更多地贡献了思想和文化资源。近代上海西方文化的源头主要发端于土山湾，大规模的中西文化交流就是由此开始。某种意义上可以说，没有土山湾，就无法完整地描绘上海的历史文化图景。

这里是西方绘画传入中国的第一站、是中欧语言文化最早接触的区域之一，是中国现代造型艺术的摇篮，是中国现代铸造业、机械加工业的鼻祖，现代出版印刷业的摇篮。

经过一个半世纪的风风雨雨，原土山湾地区只剩下2幢当年的建筑。由于种种原因，昔日土山湾及其对上海这座城市的重要影响，几乎已无人知晓，最后一批土山湾人也存世不多，对土山湾历史文化的抢救刻不容缓。

《影像·土山湾》将以大量珍贵文献和历史影像，系统描绘土山湾的历史发展进程和对上海这座城市的深刻影响。书后的附录则集中了近年来对最后存世的“土山湾人”的访谈，具有重要的历史价值。

《莫干山，一个近代避暑地的兴起》

在江南的文化图景里，莫干山无疑是一块充满异质性的文化飞地。从1896 年第一幢别墅建成开始的四十年间，莫干山逐渐发展成为中外闻名的避暑地。全山现存200 余幢近代建筑，留有诸多历史名人和事件的踪迹，具有很高的历史价值。作者通过大量的史料挖掘和田野调查，以近代建筑为切入点，回顾了莫干山避暑地的形成和发展，全面梳理了其近代建筑活动，包括营造、设计和组织机构，近代建筑的特色等。通过对莫干山避暑地的兴起及其近代建筑活动这一微观事件的观察、分析，来理解更大尺度和时段的建筑活动和社会历史。书后的详尽附录，对研究者具有一定的参考价值。

《江南园踪》（暂名）

在这个文人趣味、山水精神日渐远去的时代，失去内核寄托的文人园林正日渐成为商彝周鼎般的尊贵古董或金丝鸟般的赏玩对象。全书首度推出江南园林排行榜，纵论存世江南园林之手法优劣、旨趣得失，以温润的笔调，淡淡的乡愁，记录对江南园林的空间感受和文化体验，向最中国的文化空间致敬。

**《新疆建筑笔记》**

他本是上海五原路上的小开，却莫名其妙在新疆度过了大半生，饱尝了人世间的甜酸苦辣。几十年来，他走遍了新疆的山川大地，记录下新疆大地丰富多彩的空间遗产。从北疆哈纳斯湖畔图瓦人的干栏、高山牧场上哈萨克人的毡房到南疆帕米尔高原塔什库尔干的石头城、喀什噶尔的高台民居，克拉玛依的魔鬼城、楼兰遗址的三间房、古龟滋国的石窟、吐鲁番的坎尔井……

详情垂询，请E-mail:xff66@yahoo.com.cn、clq8384@126.com，欢迎赐稿。